JACK TROUT
Bestselling coauthor of POSITIONING
with STEVE RIVKIN

잭 트라우트
Bestselling coauthor of POSITIONING
with STEVE RIVKIN

REPOSITIONING

리포지셔닝

경쟁과 변화, 위기 시대의 마케팅

이유재 옮김

REPOSITIONING

초판발행 2011년 5월 10일 | 값 10,000원
초판3쇄발행 2011년 11월 5일

지은이 Jack Trout, Steve Rivkin | **옮긴이** 이유재 | **펴낸이** 한헌주
편집책임 박미선 | **마케팅** 김재홍 · 김광범 · 박덕수 · 심윤희
표지 · 편집 디자인 design episode
펴낸곳 도서출판 K-books | **등록** 1995년 11월 9일 제300-1995-138호
주소 서울특별시 종로구 평동 19번지
전화 738-7035(대표) | **팩스** 722-4678 | **전자우편** kmsp@korea.com | **홈페이지** http://www.kmsp.co.kr

• 잘못된 책은 교환해 드립니다.
• 무단 전재와 복제를 금합니다.

목차

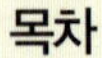

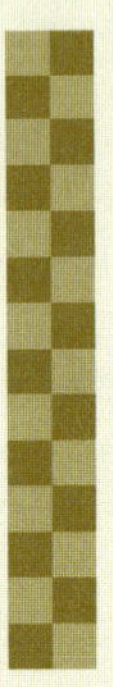

기업의 세계에는 적중률 높은 일기예보가 없다.

우리는 일상 속에서 일기예보, 그동안 경험한 계절에 대한 정보를 가지고 계절과 날씨에 맞는 옷차림을 소화해낼 수 있다. 그러나 기업의 세계에 그 같은 안온함이란 존재하지 않는다. 불행히도 오늘날 기업에게는 결코 쉽게 예측할 수 없는 날씨와 위기가 끊이지 않는 것 같다. 제아무리 한때 영광을 누린 거대기업도 시장 전체에 찾아온 위기 앞에서, 또는 한 발 앞서 변화에 발맞춘 경쟁자의 선전 앞에서 힘없이 무너지고 마는 사례를 빈번히 볼 수 있다.

변화에 대응하지 못한 기업에게 찾아오는 대가는 가혹하다. 변화를 준비하지 않은 기업이 입고 있는 옷은 이제 '계절에 맞지 않는 옷차림'이 아니라 '생존에 적절하지 않은 옷차림'이기 때문이다. 기업이 갈아입어야 하는 옷은 때로 방탄 소재여야 하고, 때로 산소통을 장착한 것이어야 하고, 때로는 해저용 잠수복이어야 한다. 게다가 수많은 기업 사이에서 누가 가장 적절한 옷을, 먼저 입는가라는 경쟁의 문제 또한 위기로 다가온다. 그뿐인가, 그렇게 함으로써 고객의 마음 속 최적의 위치에 자리잡아야 한다는 것이 결정적인 과제이다. '경쟁,

변화 그리고 위기의 시대'라는 부제는 그런 의미에서 매우 적절한 단어이며, 저자의 오랜 경험을 통한 통찰을 엿볼 수 있다.

저자 잭 트라우트는 1972년 처음 '포지셔닝'이라는 용어를 우리의 마음속에 포지셔닝한 이후, 경쟁과 변화를 감지하고 자신의 가르침에 대한 '리포지셔닝'을 몸소 실천하고 있는 것 같다. 그리고 역자와 같이 20여 년간 한국과 미국의 대학생에게 마케팅을 가르치고 있는 사람에게는 현장에서의 그 같은 실천적 지식이 큰 가르침으로 다가온다.

「리포지셔닝」을 번역하는 동안 역자는 생생한 기업 사례를 만날 수 있었을 뿐 아니라, 역자의 고객인 가족, 제자, 그간 집필한 책의 독자에게 변화에 적절하게 대응하는 리포지셔닝 노력이 있었는지 스스로를 돌아볼 수 있었다. 재미와 의미를 동시에 만난 번역작업이었음을 말하고 싶다.

부디 이 책을 읽는 여러분이 경쟁, 변화 그리고 위기가 한꺼번에 찾아오는 치열한 시대에 '생존에 가장 적절한 옷'뿐 아니라 '고객의 마음속에 다시 한 번 최적의 위치'를 차지하는 기회를 마련하기를 기원한다.

새로운 옷차림을 고민하며

이유재

포지셔닝에 관해 이미 매우 많은 내용을 저술한 필자로서는, 이 책을 집필하는 것은 매우 어려운 작업이었다. 그도 그럴 것이 1969년부터 쓰기 시작한 분야에 대해 어떻게 반복되는 부분 없이 책을 써 내려갈 수 있겠는가!

그래서 혹 독자들 가운데는 필자가 쓴 15권의 저서에서 이미 언급되었던 내용을 발견하는 분도 있을 것이다. 그런 분께는 양해를 구한다. 그러나 오늘날의 기업 현실을 더욱 잘 반영하는 새로운 내용을 담으려고 노력했음을 밝힌다.

오래 전 필자가 집필한 「포지셔닝」은 최근에 '역사상 가장 훌륭한 100대 경영서적'으로 선정된 바 있다. 그처럼 포지셔닝이라는 개념이 기업 세계에서 중요한 것으로 부각되는 동안, 상대적으로 덜 주목받아 온 쌍둥이 형제가 있었으니, 바로 이 책이 소개하고자 하는 '리포지셔닝'이다.

필자는 이제 리포지셔닝이라는 개념이 조명되어야 할 시기가 되었다고 판단했다. 그에 대한 이유는 '3C'로 설명할 수 있는데, 경쟁Competition과 변화Change, 위기Crisis가 그것이다.

흥미롭게도 1980년대에 발간된 책에서는 오직 한 장에서만 리포지셔닝을 '경쟁자가 부정적으로 인식되도록 만드는 방법' 정도로만 언급되고 있다.

경쟁상황에서의 리포지셔닝은 본서의 첫 장에서 등장한다. 오늘날에는 예전에 비해 훨씬 많은 경쟁전략 사례들이 존재한다. 예컨대, 요즘 필자가 즐겨 찾는 데니스Denny's라는 식당은 아이합IHOP과 같은 경쟁자들을 '몸에 좋지도 않은 군것질거리 같은 아침식사'를 제공하는 곳이라고 인식되도록, 자신들이 '진짜 식사다운 아침식사'를 제공한다는 사실을 강조하고 있다.

매우 공격적인 리포지셔닝의 사례는 정치에서도 찾을 수 있다. 정치인들의 리포지셔닝은 거의 과학의 경지에 도달한 듯 보인다. 미국 공화당이 민주당 상원의원이자 대선후보였던 존 케리를 '기회주의자'로 리포지셔닝시켰던 일을 기억하는가? 조지 부시 대통령의 당선에 지대한 공로를 세운 이러한 전략은 공정해 보이지는 않지만 매우 효과적이었던 것만은 분명하다. 그런가 하면 민주당은 2006년 중간선거에서 공화당을 향해 '무능한 정권'이라는 공략을 펼쳐 압승을 거두었다. 허리케인 피해와 미국 전반에 걸친 재정 위기에 대한 공화당의 대응을 생각해 보면, 그러한 민주당의 리포지셔닝 전략은 제법 공정하고도 효과적인 것으로 보인다.

리포지셔닝은 변화에 대응하기 위해 태어났다

리포지셔닝이 존재하는 이유는 경쟁에서 살아남기 위해서이다. 그런가 하면 리포지셔닝이 탄생할 수밖에 없었던 것은, 그것이 수많은 제품의 등장을 가능케 하는 급격한 기술변화에 대응하는 데 유용한 전략이기 때문이다. 하버드 경영대학원 클레이튼 크리스텐슨Clayton Christensen 교수는 「혁신기업의 딜레마The Innovator's Dilemma」라는 책에서 그러한 문제를 다루고 있다. 그는 '파괴적 기술disruptive technology'이라는 신조어를 만들어냈다. 그의 저서는 파괴적 기술이 어떤 방식으로 산업 내에서 정상의 자리를 지키고자 하는 기업의 노력을 물거품으로 만드는지 잘 묘사하고 있다.

통화방식, 컴퓨터, 의료기기 등과 같은 복합적인 제품 범주였건, 영화, 소매업, 교재, 축하카드, 교실 수업처럼 단일 제품 범주였건 '변화'가 큰 타격을 입히고 있는 것이 사실이다. 흥미롭게도 필자는 크리스텐슨 교수가 사례로 소개했던 많은 기업들과 함께 일한 경험이 있다. 필자의 주요 업무는 그러한 종류의 변화에 대처하기 위한 리포지셔닝 전략에 근거한 것이었다. 위협적인 변화를 받아들일 수 있도록 인식을 조정하는 방법을 찾아내는 것이 리포지셔닝의 관건이다.

크리스텐슨은 저서에서 디지털 이큅먼트Digital Equipment사의 최후에 관해 언급하고 있는데, DEC는 세계 2위 규모의 미니컴퓨터 제조회사였다. 필자는 DEC의 설립자인 켄 올슨Ken Olsen과 그의 동생 스탠 올슨Stan Olsen을 만난 바 있다. 필자는 IBM에 의한 데스크 탑 컴퓨터 기술이 미니컴퓨터 시장을 위협하는 당시 상황에 대응하기 위한 리포지셔닝 전략을 제안했다. 하지만 그들은 IBM이 어떻게 움직이는지 좀 더 지켜보는 쪽을 택했고, 결국 IBM은 DEC의 영역을 잠식시키고 말았다. 마치 노르망디 상륙작전에서 연합군이 어떻게 움직이는지를 지켜보고만 있던 독일군처럼 말이다.

그런가 하면 제록스Xerox에게 리포지셔닝 전략을 제안한 적도 있었다. 전통적인 출력방식을 평가절하하는 레이저 프린트 기술의 등장에 어떻게 대응할지에 대한 전략이었다. 제록스는 위기상황을 직면하지도, 기존의 계획을 수정할 필요를 느끼지도 못하는 것 같았다. 반면 휴렛 팩커드Hewlett-Packard는 제록스와 반대의 길을 택하여 거대한 사업을 구축할 수 있었다.

대형할인 매장의 등장으로 설 자리를 잃게 된 시어스Sears의 생존전략으로 리포지셔닝을 제안했을 때, 경영진은 전략변화나 생존을 위한 대안들을 선택하지 않았다. 아직도 의문이 생기는 대목이다.

「혁신기업의 딜레마」는 문제를 명확하게 제시하고 있다. 다만 크리스텐슨이 변화의 문제들에 대처하는 마케팅 전략들을 서술하는 작업까지는 하지 못한 것 같다. 리포지셔닝의 문제를 담아내지는 못한 것이다.

리포지셔닝, 위기상황에서 빛을 발한다

경쟁, 변화에 이어 필자가 리포지셔닝을 소개해야만 한다고 느끼게 된 또 하나의 상황은 '위기Crisis'다. 위기의 첫 번째 유형은 거시적 위기Macro Crisis다. 이것은 어느 날 갑자기, 세계의 모든 기업들이 끔찍하다고밖에는 형언할 수 없는 환경변화에 맞추어 경영계획을 전면 수정해야 하는 상황을 의미한다. 리포지셔닝은 이런 위기상황에서 제 몫을 톡톡히 한다. 고객에게 가치를 전달하기 위해서 어떻게 인식을 조정하는 것이 옳을까? 가격 프로모션에서도 그런 전략을 찾아볼 수 있다.

현대자동차는 미국 시장에서 고객들에게 자동차를 판매한 뒤, 고객이 1년 내에 실직할 경우 해당 자동차를 다시 사주겠다는 약속을 하는 프로모션을 진행했다. 당시 다른 기업들은 그저 낮은 가격을 제공하거나, 1개를 사면 1개를 덤으로 주거나 할인해 주는 방식의 가격정책을 제시할 뿐이었다. 하지만 현대가 제시한 것은 가격이 아니라 '가치'였다. 사실 가격인하정책은 경쟁자들로 하여금 계속해서 가격을 인하하게 하는 악순환을 낳는다.

식품 브랜드야말로 고객을 끌어들이는 데 둘째 가라면 서러울 도사들이다. 델몬트Del Monte는 자사의 통조림 제품이 냉동제품보다 훌륭하다고 강조한다. 또 오스카 마이어 델리 프레시Oscar Mayer Deli Fresh의 고기는 '다른 델리 음식처럼 비싸지는 않지만, 델리 음식 같은 고급스러운 맛이 난다'고 어필한다.

위기의 두 번째 유형은 미시적 위기Micro Crisis다. 이는 AIG나 GM 같은 각각의 기업이 생존을 위해 리포지셔닝해야 하는 상황을 의미한다. 미시적 위기에서 리포지셔닝이야말로 까다로운 과제다. 좀처럼 변하려고 하지 않는 고객의 마음을 움직여야 하기 때문이다. 필자가 소개한 3C(경쟁, 변화, 위기)의 상황을 가늠해 볼 때, 독자들은 왜 리포지셔닝의 시대가 올 수밖에 없는지 알게 되었을 것이다. 이 책을 계속해서 읽어 보시라.

REPOSITIONING

제1부 경쟁

비즈니스 세계에서 과거에 비해 극적으로 변화한 것이 한 가지 있다면, 놀라울 정도로 경쟁이 극심해졌다는 사실이다. 세상의 모든 영역에서 경쟁이 시작되어 우리를 향해 똑바로 다가오고 있다. 이런 경쟁은 좀처럼 감소할 조짐이 보이지 않는다.

경쟁은 성장하고 있는 시장에서는 그다지 심하지 않다. 모든 배가 순항하고 있기 때문이다. 그러나 배들이 가라앉고 있는 상황이라면 어떤 일이 벌어지겠는가? 무엇을 통해 살아남아야 하겠는가? 답은 명확하다. 다른 배를 약탈하는 것이다. 당신은 무기를 집어 들고, 경쟁자들을 공격할 준비에 전력을 다해야 할 것이다.

1장
기초

리포지셔닝repositioning을 다루기 전에 포지셔닝positioning의 핵심 요소들을 살펴보는 것은 매우 중요하다. 포지셔닝은 리포지셔닝을 이해하는 기초이기 때문이다. 따라서 필자의 이전 저서인 「포지셔닝」에서 다루었던 내용의 일부를 불가피하게도 되풀이하고자 한다. 혹 이전 저서에서 썼던 표현들을 기억하는 독자가 있다면, 미리 양해를 구한다.

포지셔닝이란 '고객의 마인드에 기업이나 브랜드의 존재를 차별화하여 자리 잡게 하는 것'이다. 또 이것은 커뮤니케이션 과정에서 이른바 마인드가 수행하는 역할의 대부분이라 할 수 있다.

반면, 리포지셔닝이란 인식perception을 조정하는 것이다. 그것이 한 기업에 대한 인식이건, 그 경쟁자에 대한 인식이건 말이다. 다음 장에서 보다 자세한 내용이 이어질 것이다. 기업의 전략이 효과를 발휘하려면, 우선 잠재고객들의 마음이 어떻게 움직이는지, 그들이 어떻게 생각하는지 이해해야 할 것이다.

필자의 책, 강연, 혹은 포지셔닝에 관한 글을 접하지 못한 독자들을 위해 여기에 고객의 마인드가 어떻게 작동하는지에 관한 개요와 포지셔닝의 주요 원리를 제시한다. 이것을 이해함으로써, 포지셔닝 그리고 그 쌍둥이와 같은 리포지셔닝에 관해 이해할 준비를 갖추게 될 것이다.

고객의 마인드를 향한 끊임없는 공략

마음, 심리라고 표현할 수 있는 고객의 마인드는 여전히 미지의 영역에 가깝다. 그러나 필자는 이에 관해 적어도 한 가지만큼은 확실히 알고 있다. 고객의 마음은 끊임없이 공격당하고 있다는 것이다.

대부분의 서구 사회는 과잉커뮤니케이션 시대로 접어들었다. 매체형식의 폭발적 다양화에 뒤이은 매스 커뮤니케이션의 증가는, 사람들이 정보를 받아들이거나 무시해 버리는 방식에 엄청난 영향을 미쳤다.

과잉커뮤니케이션은 사람들과 소통하고 그들에게 영향을 미치는 판도를 바꿔놓았다. 1970년대가 과부하overload 상태였다면, 2000년대 이후부터는 메가급 과부하megaload 상태가 되었다. 다음에 이어지는 몇 가지 통계는 이 문제를 극적으로 표현해 준다.

- 지난 30년 동안 생산된 정보량이 과거 5천 년 동안 만들어진 정보량보다 많다.
- 인쇄된 지식의 총량이 매 4~5년마다 두 배로 증가하고 있다.
- 일주일 분량의 「뉴욕타임즈」가 담고 있는 정보량은 17세기 영국의 한 평범한 사람이 평생 접했을 정보량보다 많다.
- 세계적으로 하루에 4천 권이 넘는 책이 출간되고 있다.
- 일반적인 화이트칼라 직장인이 일 년에 사용하는 종이량은 70킬로그램에 달한다. 이것은 10년 전 소비량의 두 배이다.

전자 홍수, 커뮤니케이션을 바꾸다

우리가 살고 있는 커뮤니케이션 과잉사회에서 전자electronic 측면은 과연 어떠한가? 미국의 대중과학잡지 「사이언티픽 아메리칸Scientific American」에 따르면, 월드 와이드 웹World Wide Web은 이미 전자 페이지가 수억에 달하고, 매일 백만 페이지가 추가되고 있다.

또한 인공위성은 지구 구석구석에 전파를 통해 끊임없이 메시지를 전송하고 있다. 영국에서 태어난 어린이가 18세가 되기까지 접하는 TV 광고는 무려 14만 편에 이른다. 스웨덴에서 보통의 소비자는 하루에 3천 개의 상업적 메시지를 접한다.

광고 메시지로 볼 때, 유럽 11개국은 이제 1년에 6백만 개가 넘는 TV 광고를 방송하고 있다. 텔레비전 채널은 수십 개에서 수천 개로 폭발적 증가를 보였다. 이러한 상황은 무엇을 뜻하는가? 바로, 기업의 차별화된 생각idea은 가능한 한 간단명료해야 하며, 모든 매체를 통해 지속적으로 전달해야 한다는 것이다. 정치인들은 메시지에 의지하려 하지만, 마케터들은 차별화에 전력해야 한다.

── 혼란을 주어서는 안 된다

인간은 지구상에 생존해 온 어떠한 생물 종보다도 학습에 의존하는 존재다.

학습learning이 새로운 정보를 습득해 가는 방식이라면, 기억은 시간이 흘러도 그 정보를 계속 유지하는 방식이다. 기억은 단지 전화번호 등을 기억하는 능력만을 의미한다기보다는, 생각하는 과정의 모든 측면에서 사용되는 역동적인 시스템을 뜻한다. 우리는 보는 일, 언어를 이해하는 일, 길을 찾는 일에서조차 기억을 사용해야 한다.

기억이 그토록 중요하다면, 고객에게 기억되기 위한 비밀의 열쇠는 과연 무엇일까?

알버트 아인슈타인에게 상대성이론을 발전시키는 데 가장 중요한 것이 무엇이었냐고 물었을 때, 그는 다음과 같이 답했다.

"그 문제에 대해 생각하는 방법을 찾아낸 것이다."

문제의 본질에 도달하는 것만으로도 전투에서 절반은 이긴 셈이다. 경쟁자와 그들의 환경이 잠재고객의 마음속에 어떻게 각인되어 있는지 깊이 이해하는 것이야말로 우리에게는 '문제의 본질'이다. 이것은 기업이 무엇을 원하는지에 대한 이야기가 아니다. 경쟁자들로 인해 기업이 해야만 하는 일에 관한 이야기다.

단순한 것이 강하다

우리는 우리가 아는 몇몇 제품들을, 그 기본 컨셉에서부터 이미 실패가 예견되었던 사례로 기억한다. 제품이 효과가 없어서가 아니라, 단지 잠재고객의 마음에 와 닿지 않았기 때문이다. 매넨Mennen 사의 '비타민 E 데오도란트deodorant'를 기억해 보자. 겨드랑이에 비타민 E를 뿌리는 것이 딱히 잘못된 일은 아니다. 하지만 전국에서 제일 건강하고 영양상태 좋은 겨드랑이를 원하는 사람이 아니라면, 일반소비자들에게는 어딘가 와 닿지 않는 제품이다. 당연히 금세 실패하고 말았다.

애플Apple 사의 뉴튼Newton을 기억하는지? 팩스, 호출기, 일정관리 기능을 가지고 있을 뿐 아니라 펜 컴퓨터pen-based computer, 즉 전자 펜으로 입력할 수 있는 기능을 갖춘 컴퓨터였다. 그러나 이것은 너무 '복잡'했고, 당연히 시장에서 호응을 얻지 못했다. 반면 뉴튼과 비교할 수 없을 만큼 단순한 컨셉의 아이폰iPhone은 엄청난 성공을 거두었다.

복잡하거나 혼란스러운 정보를 반기지 않는 고객들의 뇌리를 파고들기 위해, 기업은 전하려는 메시지를 극도로 단순화시켜야 한다. 가장 강력한 마케팅 캠페인은 단 하나의 단어에 집중한다. 예를 들어, 볼보Volvo는 안전성safety, BMW는 주행driving이다. 여기서 얻을 수 있는 교훈은 전하고자 하는 메시지를 처음부터 끝까지 다 말하려고 애쓰지 말라는 것이다. 강력하고 차별화된 생각에 집중하라. 그것이 매우 단순해도 상관 없다. 단 하나뿐이어도 좋다. 중요한 것은 그것이 잠재고객의 마음속에 침투하게 만드는 것이다.

문제를 어떻게 하면 단순하게 풀어낼 수 있을지 재빨리 판단하는 창조적이며 본능적인 능력, 그런 능력은 일반적으로 말하는 '지능'과는 사뭇 다르다. 그렇게 간단명료한 문구를 찾아내는 비법이 존재한다면, 기업이 고객에게 하고픈 이야기를 추려내는 일에서 단 1초의 망설임도 없을 것이다.

당신뿐 아니라 누구라도 주장할 법한 내용은 머릿속에서 빨리 지워라. 증명하기 위한 복잡한 과정은 잊어라. 고객의 인식과 맞지 않는 것은 즉시 피해라.

논리만으로는 싸움에서 이길 수 없다. 인간의 마음은 감정적emo-tional인 동시에 이성적rational이다. 사람들은 왜 특정 제품을 구매하는 것일까? 사람들은 시장에서 왜 특정한 방식으로 행동하는 것일까?

소비자에게 왜 특정 제품을 구매했는지 묻는다면, 정확한 답도, 쓸모 있는 답도 하지 못할 때가 많을 것이다. 아마 답을 알고는 있으나 진짜 대답을 꺼리는 것일 수도 있다. 그러나 많은 경우에 고객은 자신들이 왜 그렇게 행동했는지 정확히 알지 못한다.

회상recall의 경우는 어떠한가? 사람의 마음은 더 이상 존재하지 않는 것을 계속 기억하는 경향이 있다. 광고를 중단한 상태에서도, 또는 광고를 중단한 지 아주 오래된 상황에서도, 견고하게 자리 잡은 브랜드에 대한 인식이 오래도록 지속되는 이유가 바로 그것이다.

실례를 보자. 1980년대 중반 믹서기를 대상으로 브랜드 인지도에 관한 연구가 이루어졌다. 소비자들에게 그들이 아는 모든 브랜드명을 회상하도록 했다. 놀랍게도 제너럴 일렉트릭General Electric이 2위를 차지했다. GE가 믹서기 생산을 중단한 지 20년이 지난 시점이었는데도 말이다!

왜 고객들은 다른 사람의 선택에 의지할까?

사람들은 대개의 경우 '내가 반드시 가져야만 하는 것'이 아니라

'가져야만 할 것 같은 것'을 구매한다. 그들은 온순한 양떼처럼 무리를 따르기 십상이다.

모든 사람들이 정말 사륜구동four-wheel-drive 차를 필요로 하는 것일까? 만약 사람들이 정말 그것을 원했다면, 왜 진작에 사륜구동 자동차가 대중화되지 못했겠는가? 사륜구동은 크게 유행하지 않았다.

이러한 현상의 주요 원인은, 많은 심리학자들이 집중적으로 연구해온 주제인 불안감insecurity일 것이다. 고객들은 한 기업이 시장에 오랫동안 자리하고 있는 것을 보게 되면, 그 기업을 보다 신뢰하고 그 기업 제품을 보다 쉽게 구매하게 된다. 전통이 왜 좋은 차별점이 될 수 있는지 알 수 있는 대목이기도 하다.

인간의 마음은 여러 가지 이유에서 매우 불안정하다. 첫 번째 이유는 우리가 제품구매와 같은 단순한 행위를 할 때 발생하는 지각된 위험perceived risk 때문이다. 행동과학자들은 지각된 위험의 유형으로 다음의 다섯 가지를 제시하고 있다.

- **금전적 위험**monetary risk

  "이 제품을 사면 내 돈을 그냥 날리게 될 수도 있어!"

- **기능적 위험**functional risk

  "이 제품이 효과가 없을지도 몰라." "원래 기대했던 기능이 아닐지도 몰라."

- **물리적 위험**physical risk

"다소 위험해 보이는 걸. 다칠지도 몰라."

• **사회적 위험**social risk

"내가 이 제품을 구매했을 때 친구들이 뭐라고 할지 모르겠어."

• **심리적 위험**psychological risk

"이 제품을 사고 나서 죄책감을 느끼거나, 무책임했다고 느낄지도 몰라."

위 내용은 사람들이 왜 제품시장의 '선두주자'를 구매할 수밖에 없는지를 설명해 준다. 모든 사람이 사는 제품이라면, 나도 사야 할 것 아니겠는가.

고객의 마인드, 좀처럼 변하지 않는다

시장에서 사람들의 마음을 변화시키려는 노력은 헛된 것이다.

• 제록스Xerox는 복사기가 아닌 다른 기계를 잠재고객들에게 판매하려다가 수억 달러의 손실을 입고 말았다. 누구도 제록스 컴퓨터를 사고 싶어 하지는 않았다. 그러나 아직도 제록스의 복사기는 구매한다.

• 코카콜라Coca-Cola는 새로운 맛의 제품을 소비자에게 판매하려다가 돈과 명예를 모두 잃은 적이 있다. 사람들은 뉴코크New Coke를 사려고 들지 않았다. 코카콜라 클래식Coca-Cola Classic만이 예전처럼 판매될 뿐이었다.

• 트로피카나Tropicana는 패키지에서 '빨대가 꽂힌 오렌지' 그림을 바꿨다가 급격한

쇠락을 경험했다. 시장은 그들이 애써 유통사 자체 상품처럼 보이게 만든 포장을 원하지 않았다. 결국 다시 오렌지 그림으로 돌아가고 말았다.

한 번 제품에 대해 결심한 고객의 마음은 좀처럼 변하지 않는다. 이것이 무엇을 의미하겠는가? 리포지셔닝이란 사람들의 마음을 변화시키는 것에 관한 이야기가 아니라는 것이다. 리포지셔닝은 사람들 마음속의 인식을 조정하는 것이다. 다음 장에서 더욱 논의하도록 하겠다.

초점을 잃으면 모든 것을 잃는다

초점을 잃는다는 것의 대표적인 예는 제품 라인 확장line extension이 아닐까 싶다. 마케팅에서 라인 확장처럼 논란의 여지가 많은 이슈도 없을 것이다.

기업은 자신의 브랜드를 다만 경제적인 관점에서 바라보는 경우가 많다. 비용의 효율성, 거래에서의 경쟁우위 등을 얻기 위해 기업은 하나의 제품유형이나 아이디어로 대변되는 하나의 브랜드를 둘, 혹은 여러 개의 브랜드로 바꾸고 만다.

그러나 라인 확장을 고객 마인드의 관점에서 바라볼 필요가 있다. 많은 변화가 일어날수록 대상에 대한 초점은 흐려지기 마련이다. 변화가 많이 일어날수록 시보레Chevrolet와 같이 성공적으로 차별화되었던 브랜드도 점차 아무것도 아닌 게 되어버릴 수 있다.

화장지분야에서 선두주자인 스캇Scott은 라인 확장을 통해 브랜드명을 스카티Scotties, 스캇킨Scottkins, 그리고 스캇 타월Scott Towels로 다변화했다. 그리고 머지 않아 사람들이 쇼핑할 생필품 목록에 스캇Scott을 적는 일은 급격히 줄어들고야 말았다. 결국 시장의 선두자리는 차민Charmin에게 넘어가고 말았다. 라인 확장은 리포지셔닝 전략이 아니다. 어떤 전문가들은 라인 확장이 마스터 브랜드master brand를 구축하는 과정이라고 말한다. 그러나 그들의 말을 믿지 마시기를! 결과는 '혼란스러운 브랜드'로 남는다는 것뿐이다.

신제품의 70%가 기존 브랜드명으로 출시되고 있기 때문에, 당신은 아마도 기업들이 라인 확장의 이점에 대해 증명할 만한 데이터를 보유하고 있다고 생각할지도 모른다. 그러나 현실은 정반대다.

「소비자 마케팅 저널*Journal of Consumer Marketing*」은 미국과 영국을 아우르는 다섯 개 시장에 출시된 115개의 신제품에 관한 대규모 연구결과를 제시한 바 있다. 이 연구는 패밀리 브랜드family brand 또는 기업 브랜드corporate brand로 출시된 신제품의 시장점유율과 새로운 브랜드명으로 출시된 신제품의 시장점유율을 비교하고 있다. 시장점유율은 제품 출시 2년 후에 측정되었는데, 결과는 새로운 브랜드명을 사용한 신제품 출시가 브랜드 확장보다 성공적이라는 것이었다.

「하버드 비즈니스리뷰*Harvard Business Review*」 또한 라인 확장에 관한 연구를 소개한다. 브랜드 확장 과정을 관찰했을 때, 주목할 만한 결과는 이것이 브랜드 이미지를 손상시키고, 거래관계를 불안하게 만든다는 것이었다.

그럼에도 브랜드 확장의 유혹은 끊임없이 마케팅 세계를 끌어당기고 있다. 브랜드는 약화되고, 서서히 진행되는 진부화commoditization 때문에 새롭게 등장하는 제품 카테고리는 위협당할 뿐인데도 말이다.

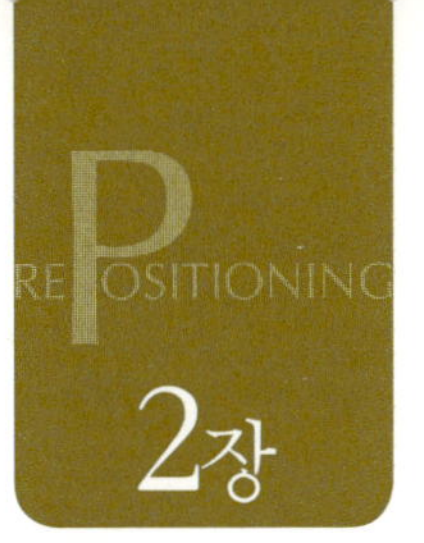

2장

경쟁의 도래

모든 리포지셔닝 프로그램은 경쟁을 염두에 두고 시작해야 한다. 리포지셔닝은 기업이 하고 싶어서 하는 것이 아니라, 경쟁으로 인해 반드시 해야만 하는 것이다. 기업이 매우 혁신적인 발명을 하거나, 시장독점에 성공하지 않는 이상, 자사의 사업영역을 차지하려 드는 경쟁자와 만날 수밖에 없다. 최근 소비자가 얼마나 많은 선택에 둘러 싸여있는지 주변을 둘러보자.

경쟁의 폭발

최근 몇 십 년 동안의 큰 변화는 거의 모든 제품범주에서 선택의 여지가 무궁무진해졌다는 것이다. 미국에서만 SKUstandard stocking units

(역자주 : 상품취급단위)가 백만 개 정도로 추정된다. 일반적인 슈퍼마 켓은 대체로 4만 SKU를 갖추고 있다. 하지만 더 놀라운 사실은, 일 반적인 고객수요의 80~85%가 150SKU 정도로 충족된다는 것이다. 다시 말해 슈퍼마켓의 나머지 3만9천여 개 아이템은 관심조차 받지 못한다는 소리다.

1950년대에 자동차를 구매할 때는 GM, 포드Ford, 크라이슬러Chrys-ler, 아메리칸 모터스American Motors에서 하나의 모델을 고르면 됐었다. 오늘날에는 그 세 개의 브랜드 외에도 현대, 기아, 아큐라Acura, 애스 턴 마틴Aston Martin, 아우디Audi, 벤틀리Bentley, BMW, 혼다Honda, 인피 니티Infiniti, 이스즈Isuzu, 재규어Jaguar, 지프Jeep, 랜드 로버Land Rover, 렉서스Lexus, 마세라티Maserati, 마쯔다Mazda, 메르세데스Mercedes, 미 쓰비시Mitsubishi, 닛산Nissan, 포르쉐Porche, 롤스로이스Rolls-Royce, 사브 Saab, 새턴Saturn, 스바루Subaru, 스즈키Suzuki, 폭스바겐Volkswagen, 볼보 Volvo에 이르기까지 수많은 선택의 대안들이 존재한다. 실제로 1970 년대 초반만 해도 140개 정도였던 자동차 모델이 오늘날에는 300여 개에 이른다.

자동차 타이어 선택에서는 보다 엄청난 수의 대안들이 존재한다. 예전에는 굿이어Goodyear, 파이어스톤Firestone, 제네럴 타이어General Tire, 시어스Sears가 전부였다. 하지만 오늘날에는 '더 타이어 랙The Tire Rack'이라는 소매점 한 곳에만 가도 에이본Avon, 비에프B.F., 굿리치

Goodrich, 브릿지스톤Bridgestone, 컨티넨탈Continental, 딕 세펙Dick Cepek, 굿이어Goodyear, 한국Hankook, 후지어Hoosier, 금호Kumho, 미쉘린Michelin, 피렐리Pirelli, 스미토모Sumitomo, 유니로얄Uniroyal, 요코하마Yokohama 등 수많은 타이어들이 고객을 기다리고 있다.

과거 자국 시장에서 현지 기업들끼리 경쟁하던 것과는 달리, 오늘날에는 글로벌 시장의 모든 사업영역에서 모든 이들과 치열한 경쟁을 해야만 생존할 수 있다. '만인 대 만인의 투쟁' 상태는 기업 차원에서 전 세계를 범위로 실현되었다.

의료 서비스 경쟁

의료 서비스의 예를 생각해 보자. 예전에는 의사, 종합병원, 미국 건강보험협회 블루 크로스Blue Cross, 사설 의료보험사 애트나Aetna, 노인 의료보험제도 메디케어Medicare, 저소득층 의료보장제도 메디케이드Medicaid 정도가 있었다. 그러나 요즘의 종합병원은 다른 종합병원과 다른 주에서 온 위성병원(역자주 : 분원)은 제쳐두고라도, 일단 개인병원들과도 경쟁해야 하는 상황이다.

심지어 메이오 클리닉Mayo Clinic, 클리블랜드 클리닉Cleveland Clinic과 같은 국립병원 브랜드조차 지역 경쟁을 피할 수 없게 되었다. 미국 미네소타주에 기반을 둔 메이오 클리닉은 애리조나주의 스캇데일과 플로리다주의 잭슨빌에도 시설을 세웠다. 메이오 클리닉에 비해 덜 알려졌지만 비슷하게 호평받고 있는 클리블랜드 클리닉은, 그 기반인 오하이오뿐만 아니라 플로리다와 토론토 심지어 중동의 아부다비까지 진출했다.

건강보험이 필요한가? 뉴저지에 사는 사람이라면 애트나Aetna, 아메리헬스AmeriHealth, 시그나Cigna, 헬스넷HealthNet, 호라이즌 블루크로스 블루쉴드Horizon BlueCross BlueShield, 옥스포드Oxford의 여섯 개 대형 보험사 중에서 선택할 수 있다. 이 여섯 회사들은 100개가 넘는 보험상품들을 판매한다. 선택을 고민하다가 두통이 생길 만큼 너무 많아진 것이다. 게다가 오바마 정부의 건강보험 개혁 타결로 자체적인 건강보험 브랜드도 제공될 것이다.

이렇게 선택이 복잡하다 보니 「유에스뉴스앤월드리포트US News & World Report」 같은 잡지는 고객들이 좀 더 쉽게 의료기관을 선택할 수 있도록 병원과 미국의 보건기관HMOHealth Maintenance Organiztion의 순위를 제공해준다. 2009년 의료보험 평가는 다음 웹사이트에서 확인할 수 있다.

http://www.usnews.com/listings/health--plans/commercial

연방정부와 대부분의 주에서 일반고객을 위해 의료기관별 서비스 성적표를 발표했다. 의사들과 병원들의 순위인데 이는 환자만족도, 경영자료, 전문가/조직 데이터뿐만 아니라 치료성과 측정치까지 포함하여 산정한 순위다.

환자 입장에서는 민간단체에서 발간한 의료정보를 더 선호할 수도 있겠다. HealthGrades.com은 의료 서비스 순위를 매기는 대표적인 단체인데, 더 좋은 보험업체를 안내하기 위해 75만 명의 의사와 5천 개 병원과 1만6천 개 양로원에 대한 보고서와 순위를 제공한다.

사람들이 아픈 것 자체보다 어디에서 치료할 것인가에 대해 더 고민해야 하는 형국이다. 어디에서 치료할지 고민하다가 병세가 더 악화되지는 말아야 할 텐데 말이다.

가전제품 경쟁

CD-RW 레코더, 스피커 그리고 이어폰을 구입한다고 가정해 보자. 그래서 미국 가전 유통업체인 베스트 바이Best Buy에 들어가 오디오 섹션에 있다고 상상해 보자. 거기서 보스Bose, 체스트넛 힐 사운드Chestnut Hill Sound, 코비Coby, 크로슬리Crosley, 데논Denon, 하만 카돈Harman Kardon, 인시그니아Insignia, 이온 오디오ION Audio, 클립쉬Klipsch, 로지텍Logitech, 뉴마크Numark, 파나소닉Panasonic, 필립스Phillips, 파이오니아Pioneer, 포크 오디오Polk Audio, 샤프Sharp, 소노스Sonos, 소니Sony, 스탠톤Stanton, 테크닉스Technics, 야마하Yamaha 등 적어도 21가지 이상의 브랜드를 만날 수 있을 것이다.

게다가 부품별로 구매할 경우에는 십만 개 이상의 다른 오디오 세트를 만들어낼 수도 있다!

확산되는 경쟁

앞에서 설명한 내용은 세계에서 가장 많은 선택이 존재하는 미국 시장에서 일어나고 있는 현상이다. 이는 미국인들이 소비에 가장 많은 돈을 지출하며, 마케팅을 열심히 하는 기업들이 그 돈을 차지하려고 노력하기 때문이다.

중국과 같은 신흥경제대국을 생각해보자. 국영기업이 제조하는 이름 없는 식품을 구입해야 했던 수십 년 세월을 뒤로하고, 이제 중국 소비자들은 성장하고 있는 자국 브랜드뿐만 아니라 수입 브랜드 제품들도 고를 수 있게 되었다. 최근 조사에 따르면, 중국 시장에는 이미 135개의 식품 브랜드가 경쟁 중이라 한다.

그러나 어떤 시장들은 성장과 아직 거리가 멀다. 라이베리아, 소말리아, 북한, 탄자니아 같은 나라는 가난과 혼란 속에 있기 때문에 '선택'이라는 것 자체가 사치로 여겨질 수도 있다.

분할의 법칙

선택상황이 만들어지는 것은 「마케팅 불변의 법칙」에 기술된 '분할의 법칙'을 통해 잘 이해할 수 있다. 아메바가 분열을 통해 수많은 개체를 만들어내는 것처럼, 마케팅 무대에 선 제품의 범주도 끊임없는 분할로 거대한 바다를 이루어간다. 제품범주는 처음에 '컴퓨터'처럼 하나의 개체로 시작된다. 하지만 시간이 갈수록 '컴퓨터'라는 제품범주는 메인 프레임, 미니 컴퓨터, 워크스테이션, PC, 노트북, 랩탑, 타블렛 컴퓨터 등 세부 범주들로 무척이나 다양하게 분열하기 시작한다.

자동차 역시 단일 제품범주로 시작해 처음에는 시보레Chevrolet, 포드Ford, 플리머스Plymouth가 시장을 지배했다. 하지만 오늘날 자동차는 고가, 중가, 저가, 풀 사이즈, 중간 사이즈, 컴팩트 사이즈, 스포츠카, 해치백, 쿠페, 하이브리드, 디젤, 사륜 구동, SUV, RV, 미니밴, 크로스오버 등으로 분할되었다. 이러한 분할이 어디까지 계속될지는 아무도 모른다.

미국 텔레비전 산업은 한때 ABC, CBS, NBC가 시청률의 90%를 차지했다. 그러나 현재 시청자들은 네트워크, 케이블, 위성, 공영방송 등 다양해진 경로를 통해 방송을 접하고 있다. 오늘날 미국에서는 유선망에 가입한 가구라면 900개에 이르는 채널을 두고 선택의 고민을 할 수 있다. 채널을 일일이 돌려 가며 보고 싶은 프로그램을 찾으려 한다면, 원하는 프로그램을 찾을 즈음엔 이미 그 프로그램이 끝나있을 것이다. 이러한 '분할'의 양상은 멈추지 않는 프로세스이다. 〈표 2.1〉을 살펴보자.

표 2.1. 경쟁의 폭발

품 목	1970년대 초반	1990년대 후반
자동차 모델	140	260
KFC 메뉴 품목	7	14
자동차 스타일	654	1,212
프리토 레이 감자칩 종류	10	78
SUV 스타일	8	38
시리얼	160	340
PC 모델	0	400
소프트웨어	0	250,000
청량음료 브랜드	20	87
생수브랜드	16	50
우유 종류	4	19
콜게이트 치약 종류	2	17
잡지 제목	339	790
구강 청결제	15	66
새로운 책 제목	40,530	77,446
치실	12	64
커뮤니티 칼리지	886	1,742
약	6,131	7,563
놀이공원	362	1,174
진통제	17	141
TV 스크린 사이즈	5	15
리바이스 청바지 스타일	41	70
휴스톤 TV 채널	5	185
운동화 스타일	5	285
라디오 방송국	7,038	12,458
맥도날드 메뉴 품목	13	43
콘택트렌즈 스타일	1	36

선택을 돕는 산업

이렇게 수많은 대안들이 넘쳐나다 보니 고객의 선택을 돕는 업무를 전담하는 산업까지 등장하게 되었다. 의료기관의 평가 서비스에 대해서는 이미 다룬 바 있다. 8천 가지 뮤추얼 펀드 중 어떤 걸 구매해야 할지 고민할 때도 전문가의 도움을 받을 수 있다. 세인트루이스에 사는 사람이 어떤 치과의사를 찾아야 하는지, 수백 개의 경영대학원 중 어떤 곳에서 MBA를 이수하면 좋을지에 대해서도 마찬가지다. 상상할 수 있는 어떤 것이든 최저가를 찾아 선택할 수 있도록 도와주는 닷컴 기업들이 인터넷에 넘쳐난다.

「컨슈머 리포트*Consumer Reports*」나 「컨슈머 다이제스트*Consumer Digest*」와 같은 잡지들은 제품범주별로 제품선택에 관한 방대한 정보를 제공한다. 문제점은 잡지들이 너무 자세한 정보를 다루는 탓에, 소비자 입장에서는 그것을 읽고 난 후에 오히려 더 혼란스러워진다는, 일종의 역설이다.

소비심리학자들에 따르면 이런 방대한 선택의 폭이 오히려 소비자들을 힘들게 한다. 같은 주제에 관한 캐롤 무그Carol Moog 박사의 지적을 생각해보자. "너무 많은 선택권은 어린아이뿐 아니라 성인마저 무력하게 만들어 버린다. 마케팅 관점에서 보면, 소비자들은 푸아그라가 될 운명의 무기력한 비만 거위처럼 보인다. 그들은 의사결정 능력을 잃어버린 것 같다. 그들은 과잉정보로부터 도망치고 싶어한다.

소비자는 지쳤다."

과도한 선택권, 흥미를 감소시키다

흔히들 대안이 많을수록 소비자가 좋아할 것이라 생각한다. 그러나 캐롤 무그 박사가 얘기한 것처럼 과도한 선택권은 소비자의 흥미를 떨어뜨릴 수 있다. 정도 이상으로 많아진 선택권이 오히려 구매욕구를 방해하는 것이다.

미국의 연금제도인 '401k 플랜'과 거기에 가입한 종업원들에 대한 연구를 살펴보자. 연구자들은 69개 산업 647개 투자계획에 참여한 종업원 80만 명에 관한 데이터를 연구했다. 어떤 현상을 관찰할 수 있었을까? 펀드 옵션의 수가 많을수록 종업원들의 가입률이 오히려 떨어졌다. 너무 많은 종류의 선택들이 혼란을 불러왔고, 그 혼란은 가입 거부로까지 이어졌기 때문이었다.

스와스모어대학Swarthmore College 사회학 교수 베리 슈왈츠Barry Schwartz는 이러한 '흥미 감소'에 관한 책을 썼다. 그는 이러한 현상을 '선택의 패러독스'라 불렀다. 그는 2006년에 열린 산업 포럼 연설에서 다음과 같이 말했다.

"사람들은 수많은 대안들에 압도당하고, 이로 인해 마비된다. 너무 많은 선택권은 고객의 구매결정을 미루게 한다. 선택권이 많기 때문에 기대는 높아지고, 잘못된 선택을 하게 되면 고객은 더 많이 자책하게 된다. 만약 청바지가 두 종류 밖에 없다면 고객은 기대를 별로 안하겠지만, 수백 가지가 있다면 하나 정도는 완벽한 것이 있지 않을까 기대하기 마련이다."*

* Jack Trout, *Differentiate or Die* (Hoboken, N.J.: John Wiley & Sons, Inc., 2008).

　기업이 자사만의 개성을 살리기보다 모든 것을 다 시도해보려 한다면, 기업의 차별화된 요소를 스스로 없애는 꼴이 되고 만다. 시보레Chevrolet를 생각해보자. 시보레는 한때 시장을 지배했지만 이후 '비싼', '스포티한', '작은', '트럭' 등의 많은 개념을 자신의 아이덴티티에 추가하려고 했다. 그러자 시보레가 다른 브랜드에 대해 가졌던 차별적 우위는 사라졌고, 사업 역시 쇠락하게 되었다.

　만약 시장의 변화를 무시한다면 기업의 차별점은 무용지물이 될 수 있다. 디지털 이큅먼트DECDigital Equipment Corporation의 사례를 보자. DEC는 미국 미니 컴퓨터의 선두 제조업체였지만 시장변화에 대응하지 못했다. 당시 사무실 환경에서 새로운 원동력으로 등장한 데스크탑 컴퓨팅 기술을 등한시한 결과, DEC의 차별점은 묻혀버리고 말았다. 결국 DEC는 컴팩Compaq에게 인수되었으며, 이후 컴팩은 휴렛 팩커드Hewlett-Packard에 인수되었다.

　또한 기업이 거대 경쟁자의 그늘 아래 있으면서 자신만의 차별성을 개발하지 않는다면, 늘 경쟁력 없는 상태에 머무를 수밖에 없다. 웨스팅하우스Westing-house 사례를 보자. 이 업체는 GE의 그늘에서 벗어나려고 노력하지 않았고, 결국 시장에서 최후를 맞이했다. 굿리치Goodrich 역시 실패 사례다. 굿리치는 타이어를 오랫동안 끊임없이 개발했지만, 굿이어Goodyear에게 모든 공로를 빼앗겼다. '굿리치'라는 이름이 거대 경쟁자인 '굿이어'와 비슷해 소비자들이 두 브랜드를 혼동했기 때문이다. "굿리치 타이어 사러 가자"라고 말하는 소리를 듣기는 어려운 일이다.

　기업의 세계는 실수를 용납하지 않는다. 기업 환경은 갈수록 어려워지고 있다. 때문에 경쟁자와 상대해 생존하기 위해서는 리포지셔닝 기술이 보다 절실하다.

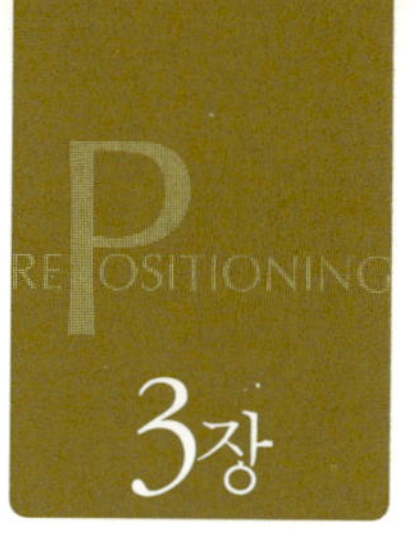

경쟁의 리포지셔닝

'프롤로그'에서 언급한 대로 리포지셔닝 이면의 본래 의도는, 기업의 긍정적 측면을 부각시키기 위해 경쟁기업, 브랜드, 제품에 대한 부정적인 인식을 심는 것이다. 최근 많은 기업들은 경기 침체의 한복판에서, 얇아진 고객들의 지갑을 열기 위한 한 판 승부를 벌이고 있다. 이에 따라 경쟁적 리포지셔닝 사례가 도처에 존재한다.

필름 제조회사 코닥Kodak은 많은 비용이 드는 한 대형 프린터회사와 자사의 잉크젯 프린터를 비교한다. 코닥 프린터의 장점은 합리적인 가격이다. 심지어 코닥은 소비자들이 자사의 홈페이지를 방문하도록 하여 그간 타사의 프린터를 사용하면서 얼마나 많은 금전적 손실을 입었는가를 계산할 수 있도록 만들었다. 애플Apple은 타사 PC에 '범생이nerdy'라는 꼬리표를 달았다. 애플의 강점은 '쿨함coolness'이다. 이에 관해서는 8장에서 더 자세히 언급하겠다.

유사한 예로 맥도날드는 '라떼'와 '카푸치노'를 홍보하는 스타벅스가 '잘난 척하는 커피회사snobby coffee'라는 인식을 소비자들에게 심으려 했다. 맥도날드는 Unsnobbycoffee.com이라는 홈페이지를 구축하고, 소비자들에게 맥도날드 음료를 주문하기 위해서는 그처럼 제2국어까지 배울 필요가 없다는 사실을 강조하고 있다.

상대를 공격할 때 조심하라

때로는 그 누구도 승자가 되지 못하는 경우가 있다.

미국 펜실베이니아대학 마케팅 교수 존 장John Zhang은 앤호이저부시Anheuser Busch와 밀러Miller 같은 맥주 제조사가 사용한 공격적 비교 광고가 역효과를 낳을 수도 있다는 사실을 발견했다. 이러한 형식의 광고는 소비자를 끌어들이기는커녕 소비자들이 동일 카테고리 내에 있는 모든 제품에 대해 무관심하게 되는 결과를 낳을 수도 있다. 그리고 기업들이 소비자들을 유혹하기 위해 계속해서 경쟁적으로 가격을 낮추기 때문에 결과적으로 모든 기업의 수익이 낮아지는 결과를 초래할 수 있다.

경쟁자를 공격할 때는 반격에 유의해야 한다. 한 예로 최근 미국의 식품회사 캠벨Campbell's은 새로운 인스턴트 수프를 출시했다. 이 수프 광고에서 캠벨은 라이벌인 프로그레소Progresso가 인공조미료MSG를 사용한다는 내용으로 공격을 펼쳤다. 그러나 결과적으로 이 광고는 두 회사 모두에게 어려움을 안겨주는 셈이 되었다. 프로그레소가 캠벨도 인공조미료를 사용한다고 반격했던 것이다.

스코프Scope는 경쟁사의 리스테린Listerine 구강청정제를 '역한 맛 bad taste'으로 리포지셔닝하는 공격을 감행했다. 리스테린의 제품을 이용하면 약품 냄새를 풍기게 될 것이라는 메시지를 고객들에게 전달한 것이다. 이러한 주장은 스코프 제품이 '좋은 맛good tasting'을 함유하고 있을 것이라는 인식을 심어주는 데는 성공했지만, 소기의 목적을 달성하지는 못했다. 리스테린은 '하루 두 번, 당신이 싫어하는 맛'이라는 솔직한 컨셉으로 맞대응했다. 그리고 이 방법은 '약품 맛이 나는 리스테린 제품이 멸균에 효과적일 것'이라는 인식을 만들어냈다. 경쟁자가 지적한 약점을 역으로 강점화시켜 반격한 사례다.

약점 찾기

경쟁자를 리포지셔닝하는 것은 '시장선도자의 강점에서 약점을 찾아 공략하는 것'으로 설명될 수 있다. 이 말이 쉽게 이해되지 않을 수도 있다. 다시 말하면, 강자의 약점을 찾지 말고 강자의 강점에서 약점을 찾으라는 것이다. 간혹 시장선도자들도 그들의 강점에 내재하는 약점이 아니라, 그저 약점일 뿐인 약점을 가지고 있다. 그들은 그 약점을 간과해 왔거나, 불편하게 여겼거나, 아예 잊고 있을 수도 있다.

그러나 또 다른 약점의 형태로 '강점으로부터 파생되는 약점'이 있다는 사실에 주목해야 한다. 렌터카 전문업체 에이비스Avis 광고의 문구 '렌트는 에이비스에서 하세요. 기다리는 시간이 짧습니다.'가 한 예가 될 수 있다. 경쟁 렌터카업체 허츠Hertz가 이러한 리포지셔닝 전략을 반격하기는 쉽지 않은 일이다. 이것은 모든 업계의 선두 주자들이 그러하듯, 최대 렌터카업체 허츠가 가진 구조적인 약점이 될 수 있는 것이다.

대형 유비쿼터스ubiquitous 브랜드를 견제하고 싶은 기업이라면 앞서 언급한 '강점에서 약점을 찾아 공략하는 기법'을 사용할 수 있을 것이다. 예를 들어 어떻게 캠벨을 견제할 것인가? 맛이나 가격은 논외로 하자. 그냥 수프 캔 자체에 들어있는 모든 내용물은 잊어버리고 캔 자체에만 집중해 보면 어떨까? 캔 자체가 캠벨에게는 취약점이다.

캔은 부식된다. 캠벨은 수백만 달러의 캔 제조 장비를 갖추고 있기 때문에 쉽사리 이런 문제점에서 벗어나기 어렵다. 하지만 플라스틱이나 유리, 무균성 포장재 사용을 시도할 수 있는 새로운 경쟁자에게는, 캠벨이 보유한 것과 같은 고가의 장비는 장애물이 되지 않는다. 따라서 경쟁자들은 손쉽게 '캔' 문제를 공략할 수 있다.

그러나 그 같은 일종의 공격기법을 즉시 활용할 수 있는 기업이 존재하리라는 생각은 순진하다. 경쟁적이고 공격적인 리포지셔닝 아이디어는 고객에게 좀처럼 어필하기 힘들다. 그런 성격의 리포지셔닝 아이디어는 본질적으로 부정적 성격을 갖추고 있기 때문이다. 더구나 그런 리포지셔닝 아이디어는 대부분의 경영진이 익숙해져 있는 사고방식, 즉 '긍정적으로 생각하는 사고방식'에도 어긋난다.

러시아 생수 전쟁

때로는 기업의 마케팅 자체가 걸림돌이 되기도 한다. 아꾸아 미네랄레Aqua Minerale는 러시아 1위의 미네랄 워터 브랜드이다. 사실 이 브랜드는 미국 펩시PepsiCo 소유라서 뛰어난 마케팅을 한다는 사실이 그리 놀랄 만한 일은 아니다. 펩시는 자사의 미국 국적을 숨김으로써 이 브랜드를 효과적으로 포지셔닝할 수 있었다. 아꾸아 미네랄레는 '미네랄'을 제품명에 사용하고 라벨에 산을 그려 넣음으로써, 소비자들에게 이 생수가 산악지대에서 온다는 믿음을 주었다. 그리고 기대했던 좋은 성과를 얻었다.

러시아 미네랄 워터 시장의 원조는 보르조미Borjomi라는 러시아 브랜드였다. 따라서 미국 브랜드에 비해 마케팅에 능하지 못한 것은 어찌 보면 당연한 일이었다. 보르조미는 러시아 생수시장에서 원조격이었기 때문에, 기존 소비자들은 자연히 이 브랜드가 생수시장의 선두라 여기고 있었다. 그러나 보르조미는 보르조미 라이트Borjomi Light,

보르조미 스프링즈Borjomi Springs와 같이 혼란을 가중시키는 브랜드 라인 확장으로 원조의 이점을 취하는 데 실패했다. 무리한 라인 확장은 브랜드를 약화시켰을 뿐이다.

보르조미를 회생시키기 위한 확실한 전략은 무엇일까? 광고를 활용하여 아꾸아 미네랄레를 '진짜 산악 생수가 아님에도 불구하고 진짜라고 믿게끔 현혹시키는 브랜드'로 리포지셔닝하는 것이다. 그리고 '진짜 산악 생수가 최고'라는 것을 알리는 것도 좋은 전략이 될 수 있다. 그리 복잡할 게 없다. 광고에서 두 브랜드의 라벨을 나란히 제시하고, 다음과 같은 헤드라인을 붙이면 될 것이다.

"진짜 생수는 라벨만으로 흉내낼 수 없습니다."

아꾸아 미네랄레 밑에는 '산에서 가져온 물이 아닙니다'라고 쓰고, 보르조미 하단에는 '산에서 왔습니다. 자연은 최고의 것을 선물합니다'라고 쓰는 것이다. 유도에서 상대의 힘을 역으로 이용하도록 가르치는 것처럼, 이것이야말로 경쟁자의 마케팅을 역으로 이용하는 고전적인 방법이다.

공격은 파급력이 있어야 한다

경쟁자의 약점을 이용해 공격하는 경우라면, 잠재고객들이 그것을 빠르게 이해하도록 만드는 게 관건이다. '리스테린은 맛이 좋지 않다'는 것은 많은 이들이 알고 있지만, '스타벅스는 잘난 체하는 브랜드'라고 알고 있는 사람은 많지 않을 것이다. 이러한 리포지셔닝 아이디어는 파급력이 있다고 볼 수 없다. 또한 수프에 첨가된 인공조미료에 관한 사항을 소비자에게 널리 인식시키기에는, 그 내용이 복잡하고 전문적이다.

보어즈 헤드 델리Boar's Head Deli가 자신들의 육류와 치즈에 인공 색소나 인공 감미료, 혹은 트랜스 지방이 첨가되지 않았다는 메시지를 소비자에게 전달하면, 경쟁자는 좋지 않은 이미지로 리포지셔닝된다. 이 경우는 파급력이 있다. 보어즈 헤드는 고가와 고품질을 지향하는 고급 델리Deli에서만 판매하기 때문이다.

이러한 리포지셔닝 아이디어를 만들어내는 또 다른 방법은, 그 아이디어가 고객의 마인드에서 폭발력을 갖는지 검토하고 확인하는 것이다. 기업이 어떠한 아이디어를 제시했을 때, 부가적인 설명 없이도 고객이 거의 즉각적으로 동의할 수 있어야 한다. 아이디어가 너무 분명해서 오래 생각할 필요가 없어야 한다는 말이다.

리포지셔닝 아이디어가 한 번에 파급효과를 발휘하지 못하고 부연 설명이 필요하다면, 그것은 결코 좋은 리포지셔닝 아이디어가 아니다. 고객 마인드에서 '폭발'하려면 고객이 메시지를 접했을 때 의문 없이 동의할 수 있어야 하고, 반사적으로 수용할 수 있어야 한다.

'가격'은 좋은 전략이 아니다

경쟁자를 '더 비싼 브랜드'로 리포지셔닝하는 것은 대부분 그리 좋은 전략이 아니다. 고객 입장에서 차별화된 제품은 무언가 다른 가치를 지니고 있는 제품일 것이다. 고객은 어떤 브랜드의 제품이나 서비스에 다른 브랜드와 비슷한 가격 또는 더 높은 가격을 지불할 경우, 더 좋은 가치를 얻을 수 있을 것이라 생각한다.

가격을 기업이 전달하는 메시지나 마케팅 활동의 중심에 둔다면, 그 기업은 고객들에게 특별하게 인식될 수 있는 기회를 스스로 약화시키고 있는 꼴이다. 그런 행위는 해당 기업과 경쟁자를 두고 선택할 때 '가격'을 주된 기준으로 삼게 만든다. 이는 결코 바람직한 방법이 아니다.

어느 기업이든지 가격은 쉽게 조정할 수 있는 사안이 아니기 때문에 가격인하정책은 만족스러운 해결책이 아니다. 경쟁사들은 언제라도 기존의 가격보다 낮은 가격을 제시할 수 있기 때문이다. 기업이 가격을 낮추는 순간 경쟁우위는 사라져 버리는 것이나 다름 없다. 하버드대학의 마이클 포터Michael Porter가 말한 것처럼, 경쟁자가 당신만큼 가격을 내릴 수 있는 상황이라면 가격을 내리는 행위는 대개 어리석은 선택이 되고 만다.

포터의 주장을 뒷받침하기 위해 작은 사이즈 당근의 독특한 포장 시스템을 개발했던 신생기업 A를 소개하고자 한다. A사는 선발업체인 두 개의 거대기업보다 가격 경쟁력에서는 확실한 우위에 있었다.

A기업은 슈퍼마켓에 제품을 납품하기 위해 '보다 나은 품질의 당근'이 아니라 '더 저렴한 가격'으로 시장에 입성했고, 두 개의 거대 경쟁자들을 '고가'로 리포지셔닝했다. 즉각적으로 이 두 경쟁사들은 A기업의 제품가격에 맞추어 가격인하를 단행했다. 이것은 A기업이 가격을 더 낮추도록 압박하는 요인이 되었고, 이미 낮아진 가격은 다시 한 번 기존기업들에 의해 추격당했다.

A기업의 경영진은 선발주자인 두 기업이 계속해서 가격인하를 단행하는 '비합리적인' 선택을 하리라고는 예상치 못했다. 두 선발기업은 기존의 포장기술 때문에 비용 측면에서 이미 손실을 입고 있었기 때문이다.

A사의 임원진들이 이 사안에 대해 필자에게 자문을 구했을 때, 필자는 선발기업들의 조치가 완벽히 '합리적'이라고 조언했다. 시장을 지배하던 두 기업이 A사가 제조 가격 이점을 빌미로 시장에 들어오는 것을 과연 지켜보고만 있을까? 선두기업들은 A기업이 진입하기 전의 상태에 매우 만족하고 있는데 말이다.

그 다음 이사회에서 경영진들은 그들의 새로운 제조 시스템을 기존기업 중 하나에게 팔 것을 결정했다. 그리고 그 매각은 제법 높은 이익을 남겼다. 결과적으로는 모두에게 만족스러운 결말이었지만, '저가전략'은 실패로 끝난 셈이다.

'가격'에 관한 데이비드 오길비의 견해

로저 리브스Rosser Reeves, 빌 번벅Bill Bernbach과 함께 전설로 불리는 데이비드 오길비David Ogilvy는, 가격에 대해 다음과 같은 인상 깊은 견해를 밝힌 바 있다. 후대에 길이 남을 내용이었다.

가격할인은 누구라도 쉽게 실행할 수 있지만, 좋은 브랜드를 창조하기 위해서 필요한 것은 천재성과 믿음, 인내심이다. 브랜드 구축의 경제적 보상은 다음 분기에 당장 돌아오는 것은 아니지만 언젠가 반드시 돌아온다. 필립 모리스Philip Morris가 제너럴 푸드General Foods를 50억 달러에 매입했을 때, 그들은 '제너럴 푸드'라는 브랜드가 가져올 미래의 가치를 산 것이었다.

한때 체이스 앤 샌본Chase & Sanborn이라는 잘 나가는 커피 브랜드가 있었다. 그들은 사업에 성공하자 가격판촉을 하기 시작했다. 그리고 그들은 결국 가격할인의 늪에서 헤어나오지 못했다. 오늘날 채이스 앤 샌본은 시장에서 완전히 사라졌다.

광고를 통해 좋은 이미지를 구축하고 명확한 브랜드 개성을 만드는 기업이 궁극적으로 높은 이익과 시장점유율을 누리게 된다. 이제 경종을 울릴 때가 왔다! 기업이 가격판촉에 너무 많은 비용을 지출한 나머지 광고를 위한 예산이 남아 있지 않을 때, 해당 브랜드에 어떠한 결과가 발생할지를 경고하는 바이다. '가격할인'은 기업의 제품을 소비자의 생활에 없어서는 안 될 요소로 만들어주는 '강력한 브랜드 이미지'를 선물해주지 않는다.

상대를 공격하는 열쇠, 자사의 강점 부각

데이비드 오길비가 주장하고자 했던 것은, 기업이 브랜드 구축을 위해 자사의 긍정적 측면을 부각시켜야 한다는 것이다. 경쟁자에 대한 부정적인 인식을 심는 이유는 어디까지나 자사 브랜드에 긍정적인 인식을 창출해내기 위해서다. 과거 러시아 보드카 브랜드 스톨리치나야Stolichnaya vodka는 러시아산처럼 잘못 인식되고 있는 미국계 경쟁사들에 '미국산'이라는 꼬리표를 달았다. 스톨리치나야는 '러시아산 보드카'라는 긍정적 각인에 성공한 것이다.

수년 전 BMW는 경쟁사 벤츠를 '그저 앉아있기 좋은 자동차sitting machine'로 리포지셔닝한 바 있다. 이것은 '최적의 주행감을 느낄 수 있는 자동차ultimate driving machine'라는 BMW의 장기적 포지셔닝 계획의 일부였다. 마침 벤츠가 큰 리무진 타입의 자동차를 생산하고 있었기 때문에, 벤츠를 '바퀴 달린 거실'로 리포지셔닝한 것은 소비자들에게 파급효과가 있었다.

BMW의 첫 번째 시리즈인 3시리즈는 성공을 거두고 오랜 세월을 거쳐 오늘날의 7시리즈 출시까지 이르렀다. 그런데 문제는 7시리즈에 이르러 벤츠와 마찬가지로 '그저 앉아있기 좋은 자동차'가 되었다는 점이다. 필자는 온갖 기기가 장착된 거대한 BMW를 선호하는 편이 아니다. 7시리즈는 '최적의 주행감'을 느낄 수 있기보다는 '갖가지 하이테크 기술을 갖춘 벤츠'가 되어 버렸다. 우리가 길에서 BMW 7시리즈를 찾아보기 힘든 이유는, BMW가 고객의 마인드에 애써 각인시킨 자사의 강점을 스스로 훼손시켰기 때문이 아닐까?

빛조차 보지 못한 강점

몇 해 전 필자는 팜페로Pampero라는 케첩 브랜드와 일하기 위해 베네수엘라를 방문한 적이 있다. 당시 팜페로는 델 몬트Del Monte와 하인즈Heinz에 밀려 1위 자리에서 물러나 있었다. 분명한 하락세의 팜페로에게 필요한 것은 단순히 '더 붉은 빛을 지닌 케첩'이나 '더 품질 좋은 케첩'이라는 개념을 뛰어넘은, 고도의 차별화 전략이었다.

왜 팜페로가 더 좋은 제품인가? 토마토는 어떤 공정을 거쳐 케첩으로 생산되는가? 필자가 찾아낸 팜페로의 차별점은 맛과 색을 향상시키기 위해 토마토의 껍질을 벗겨낸다는 점이었다. 이것은 경쟁사들이 제조과정에서 사용하지 않는 방법이었다. 많은 소비자들은 대부분의 요리법에서 토마토를 통째로 사용해야 하는 경우에 껍질을 벗겨야 좋다고 인식하고 있었다. 경쟁사와 대비되는 이러한 팜페로의 제조법은 매우 흥미로웠다. 팜페로는 소비자의 맛과 품질에 관한 인식을 잘 활용할 수 있었다.

필자가 이 방법이 브랜드에 대한 소비자 인식을 회복할 최선의, 그리고 유일의 방법이라 조언했을 때 팜페로는 달갑지 않다는 반응을 보였다. 당시 팜페로는 델 몬트와 하인즈가 사용하는 공정과 마찬가지로, 껍질을 벗기지 않는 비용절감형 자동공정으로 전환 중에 있었기 때문이다. 팜페로는 자신들의 현재 계획을 되돌려야 하는 필자의 의견을 부담스러워하며 받아들이지 않았다.

'껍질 제거'가 팜페로의 차별화 아이디어였기 때문에 필자는 공정 전환 계획을 중단하라고 제안했다. 강력한 경쟁자가 사용하는 방식을 그대로 채택하는 것은, 패배가 뻔한 전쟁에 나갔다가 죽음을 맞이하는 것과 같다. 경쟁에서 그들에게 요구되는 중대한 리포지셔닝 활동은 '껍질'을 전면에 내세우는 것이었다. 팜페로의 강점은 바로 껍질 제거임이 분명했지만, 불행히도 그 같은 리포지셔닝 전략은 빛을 보지 못한 아이디어에 머무르고 말았다.

경쟁사를 실제 위치로 리포지셔닝하기

흔치는 않지만 경쟁적 리포지셔닝 전략으로 상대의 부정적 면을 부각시키는 것이 아니라, 단순히 선발 경쟁자를 원래 자리로 보내는 것, 다시 말해서 2등으로 만드는 전략을 사용하는 경우가 있다. 필자가 함께 일했던 스페인산 올리브오일 생산자 사례가 그런 경우였다.

스페인이 올리브오일의 주산지라는 것을 아는 소비자는 드물다. 스페인은 전세계 올리브오일 생산량의 절반 이상을 생산한다. 2위 생산지 이탈리아는 스페인 총 생산량의 절반 밖에 생산하지 못한다. 실제로 스페인은 스페인을 제외한 다른 모든 국가들의 총 올리브오일 생산량을 합한 것보다 더 많은 양을 생산한다.

그러나 여기에 큰 문제가 있다. 스페인이 올리브오일의 대표 생산지임에도 많은 이들이 이탈리아산을 최고로 생각한다는 점이다. 이러한 이유 때문에 생산은 스페인이 가장 많이 하지만 경제적 이익은 이탈리아 기업들이 대부분 차지한다. 어떻게 그 같은 일이 가능할까? 이탈리아 기업들은 스페인에서 올리브오일을 수입해 용기에 넣고 이탈리아 브랜드로 수출한다. 이러한 상황에 스페인은 어떻게 대응해야 할까? 스페인 생산자들이 필자에게 도움을 청한 부분도 그것이었다. 필자가 제시한 해결책은 세 가지 단계로 정리할 수 있다.

첫 번째 단계는 스페인을 '세계 1위의 올리브오일 생산국'으로 명확하게 리포지셔닝하는 것이었다. 잘 알려지지 않은 이 사실을 올리브오일의 현재 소비자와 잠재고객의 마음에 각인시켜야 했다. 스페인의 생산 인증은 전달하고자 하는 메시지의 중요한 부분이었다. 세계의 모든 경쟁자들의 총 생산량의 합보다 많은 양을 스페인이 생산하고 있다는 사실은 놀라운 대목이었다. 그러나 이탈리아가 이미 고객들의 마인드에 최고의 올리브오일 생산자로 깊이 각인되어 있었기 때문에, 이탈리아를 '스페인산 올리브오일을 사용하는 생산자'로 리포지셔닝하는 방법을 모색해야 했다.

두 번째 단계에서는 역사적 사실을 빌어 그러한 메시지를 좀 더 극적으로 표현했다. 다음과 같은 문구의 광고를 만들 것을 스페인 측에 제안했다.

이천 년 전 로마인들은 최고의 고객이었습니다.

그리고 지금

그들은 여전히 우리의 고객입니다.

메시지의 요점은 이탈리아인들은 맛을 통해 언제나 가장 좋은 올리브오일을 찾아냈다는 것이다. 이탈리아는 요리로 유명하기 때문에 그것은 굉장히 의미 있는 아이디어였다. 그렇지만 한 가지 다른 문제가 있었다. 바로 세 번째, 차별적 식별화의 단계였다.

만약 사람들이 스페인산 올리브오일을 찾는다면 어떻게 스페인산인지 알아볼 수 있을 것인가? 그래서 필자는 표식을 만들어 소비자들이 스페인산 올리브오일을 쉽게 식별할 수 있도록 했다. '100% 스페인산 올리브오일'이라 적혀 있는 간단한 표식이었다. 그리고 이 표식을 순수 스페인산 올리브오일을 담은 모든 캔과 병에 붙이도록 했다. 이 방법은 이탈리아를 원래의 위치인 2위로 돌려 놓았기 때문에 렌터카업체 에이비스의 2위 캠페인과는 반대의 사례이다.

일상품의 리포지셔닝

이번에는 다른 일상품들을 한 번 살펴보도록 하자. 많은 일상품 생산자들이 그들 자신을 리포지셔닝할 방법을 찾아 독특한 판매전략을 창조해냈다. 그들의 성공전략은 다섯 가지 단계로 요약될 수 있다.

1. 차별화시켜라.

평범한 바나나가 치키타Chiquita 라벨을 붙이면 높은 가치를 지닌 과일이 된다. 배추 생산자들이 한 포기 한 포기의 배추를 별도의 포장에 담는 것처럼 돌Dole도 각각의 파인애플에 그들의 라벨을 붙였다. 물론 라벨을 붙인 이후에는 왜 사람들이 이

라벨을 찾아 구입해야 하는지, 잘 알려야 할 것이다.

2. 의인화하라.

그린 자이언트The Green Giant의 캐릭터는 채소업계에서 다양한 형태로 두각을 나타냈다. 프랭크 퍼듀Frand Perdue는 '부드러운 닭고기 뒤의 거친 남자'로 각인되었다.

3. 새로운 영역을 만들어라.

멜론 생산자들은 특별하고 큰 멜론을 차별화하고 싶어했다. 그리고 단순히 '대형 멜론'이라 부르지 않고, 아예 '머스크 멜론'이라는 새로운 품종 영역을 구축했다. 타이슨Tyson은 작은 사이즈의 닭고기를 판매하기 원했지만, '작은 닭'이라는 것만으로는 소비자에게 별로 매력적이지 못했다. 그래서 영국산의 어린 닭인 '코니시 게임 헨Cornish game hen'을 업계에 내놓았다.

4. 이름을 바꿔라.

때로는 원래 명칭이 매력적이지 못한 경우도 있다. 과일의 한 종류인 '중국 구즈베리Chinese gooseberry'처럼 말이다. 명칭을 '키위'로 바꾸었을 때 순식간에 많은 사람들이 먹고 싶은 과일이 될 수 있었다.

5. 카테고리를 리포지셔닝하라.

돼지고기는 오래도록 그냥 '돼지'일 뿐이었다. '돼지'라고 하면 진흙탕에서 뒹구는 모습을 연상시킬 뿐이다. 이후 업계는 닭고기의 웰빙 시류에 편승해, '또 하나의 백

색 육류'를 자청하였다. 적색 육류가 건강에 해롭다는 인식이 확산되는 시점에서 그것은 매우 현명한 전략이었다. 불행히도 과거의 성공을 뒤로 하고 이후 돼지 인 플루엔자가 돼지고기 생산자들을 곤경에 빠뜨리는 사건이 발생하고 말았다. 이 같 은 상황은 예측할 수 없는 마케팅의 난제이기도 하다.

중국은 지금 학습 중

중국 기업들이 리포지셔닝을 재빠르게 습득하고 있다는 사실에 놀라지 않을 수 없다. 중국 매실차의 한 종류인 '쏸메이탕'이라는 음료는 주스가 아니라 일종의 허브차로 포지셔닝되어 있다. 적절한 영어 명칭을 갖고 있지는 않지만 이 매실차는 베이징에서 삼백 년 이상의 역사를 가진 음료이다.

중국의 매실차 시장에는 캉스푸Kang Shi Fu라는 큰 기업과 지유롱짜이Jiu Long Zhai라는 상대적으로 규모가 작은 경쟁자가 있다. 큰 기업인 캉스푸는 전체 시장의 2/3를 차지하고 있고 상대적으로 낮은 생산비용을 유지하고 있다. 반면 작은 기업인 지유롱짜이의 매실차는 캉스푸 제품보다 40%가량 더 비싸다. 지유롱짜이 입장에서는 그 야말로 리포지셔닝이 요구되는 상황이었다.

캉스푸의 제조비용이 적게 드는 이유는 합성첨가물을 이용해 제조 원가를 줄이기 때문이다. 찌유롱짜이의 매실차는 천연 재료만을 사용한 것이다. 따라서 분명한 리포지셔닝 방침은 거대 경쟁업체에 '천연 그대로가 아닌'이라는 꼬리표를 달도록 만들고, 자사제품의 '천연 원료 사용'이라는 장점을 부각시키는 것이다. 실제로 지유롱짜이가는 가격이 비싸다는 단점을 인정하고, 이를 이용해 '천연 원료만을 사용한다'는 강점을 다음과 같이 부각시켰다.

식품에 대해 해서는 안 될 행위를 하지 않는다는 것,

그것이 지유롱짜이에 추가비용을 지불하셔도 좋은 이유입니다.

저희는 말산, 캐러맬, 식품첨가물 같은 것들은 사용하지 않습니다.

오직 천연 그대로의 상태를 고집합니다.

지유롱짜이.

자연 그대로의 상태를 유지하는 것이

고객을 위한 최선이라 믿습니다.

중국은 싸구려 물건을 만드는 것으로 유명한 나라가 아니었던가? 언젠가 중국 기업들이 마케팅에 능수능란해지는 때가 온다면, 분명 세계 시장에서 엄청난 영향력을 행사하게 될 것이다. 중국 기업들은 리포지셔닝을 재빨리 학습하고 있다.

제2부 변화

"변화 이외에 영원한 것은 아무것도 없다."

-헤라클레이토스Heraclitus, 그리스철학자, 475B.C.-

기업이 방심하는 순간, 변화처럼 손쉽게 기업을 쓰러뜨릴 수 있는 요인도 없을 것이다. 더구나 와해성 기술 또는 파괴적 기술disruptive technology이라 일컬어지는 신기술의 등장으로 변화가 가속화되고 있다.

거대기업들도 변화가 초래한 비극에서 자유로울 수 없다. 사실상 덩치가 큰 기업일수록 생존하기 어려워질 것이다. 기업 세계의 공동묘지에 가 보라. 과거 공룡같이 거대한 몸집을 자랑하던 기업들이 묻혀 있는 모습을 심심찮게 발견할 수 있을 것이다.

4장
진화는 현실이다

경쟁의 시대가 찾아온 지 몇 십 년이 지나는 동안, 기업의 세계를 더욱 험난하게 만드는 큰 난관은 '변화의 가속화'다. 그리고 변화를 가능케 한 힘은 기술technology이었다. 하버드 경영대학원 석좌교수 클레이튼 크리스텐슨Clayton M. Christensen의 「혁신기업의 딜레마*The Innovator's Dilemma*」만큼 변화의 시대를 잘 설명해주는 저서도 없다.

필자는 여러분에게 그의 책을 권하고 싶다. 서문만 읽어 보아도 충분한 가치가 있는 책이다. 크리스텐슨은 '파괴적 기술'이야말로 기존 기술과 산업에 있어 적enemy이라고 표현하고 있다. 무엇이 변화를 주도했는지 한 눈에 알 수 있게 해주는 내용을 그의 저서에서 인용하여 〈표 4.1〉에 제시했다.

표 4.1

기존 기술	파괴적 기술
은염 사진	디지털사진
유선전화	무선전화
회선 교환방식 네트워크	패킷 전환방식 네트워크
노트북 컴퓨터	휴대용 디지털 기기
데스크탑 컴퓨터	플레이스테이션
풀 서비스 주식중개회사	온라인 주식중개회사
나스닥 주식거래소	장외 전자거래시장ECN
신규주식과 채권 발행 주간업무	인터넷으로 실시하는 신규 주식과 채권의 자유경매
은행의 판단에 기초한 대출심사	신용점수평가시스템에 기초한 자동대출검사
오프라인 소매업체	온라인 소매업체
산업용 재료 유통업체	켐덱스Chemdex, 이-스틸E-Steel 같은 인터넷 기반 사이트
인쇄된 축하카드	다운로드가 가능한 무료 축하카드
전력회사	분산발전소(가스 터빈, 마이크로 터빈, 연료셀)
경영대학원	기업대학과 기업의 자체 경영훈련프로그램
교실과 교과에 기초한 교육	인터넷을 통해 수행되는 원격교육
표준 교과서	직접 편집한 디지털 교과서
오프셋 인쇄	디지털인쇄
유인 전투기 및 폭격기	무인비행기
의사	전문간호사
종합병원	외래환자 클리닉 및 자체환자치료
개복수술	관절경 및 내시경수술
심장 우회수술	혈관형성술
MRI 및 CT	휴대용 의료기기

출처 : 클레이튼 크리스텐슨 저, 이진원 역, 「혁신기업의 딜레마*The Innovator's Dilemma*」, 세종서적, 2009.

진화, 절체절명의 과제

컴퓨터 시대의 비극을 떠올려 보자. IBM은 대형컴퓨터 시장을 점령했지만, 기술적으로 훨씬 간단한 소형컴퓨터의 등장을 간과하고 말았다. 디지털 이큅먼트사Digital Equipment Corporation는 미니컴퓨터 시장을 창출했고, 데이터 제너럴Data General, 프라임Prime, 왕Wang, 휴렛 팩커드Hewlett-Packard, 닉스도르프Nixdorf 등 후발 주자들이 잇따라 동참했다. 물론 후발 기업들도 퍼스널 데스크탑 시장을 놓쳤고, 그것은 애플Apple, 코모도어Commodore, 탠디Tandy, IBM 분리형 컴퓨터 사업부의 몫으로 돌아갔다.

그러나 한때 성공을 거두었던 이 모든 거대한 기업들 중 오직 3개의 기업만 살아남았다. IBM, 휴렛 팩커드, 애플이 그들이다. 그들이 살아남을 수 있었던 단 한 가지 이유는 '진화'했다는 것이다. IBM은 통합전산망 분야로, 휴렛 팩커드는 레이저 프린터와 PC 사업분야로, 애플은 맥Mac, 아이팟iPod, 아이폰iPhone으로 진화했다.

우편물 vs. 이메일

우편산업의 선두주자였던 피트니 보우스Pitney Bowes가 처한 딜레마야말로 기술적 변화가 가져온 문제를 극적으로 표현해주는 사례라 하겠다. 아서 피트니Arthur H. Pitney가 1901년 최초의 우표 기기를 특허 등록할 당시만 해도, 우편산업은 수익성 있는 유망사업이었다. 그러나 그들은 사람들이 이메일을 받아들이면서 점차 쇠락의 길을 걸을 수밖에 없었다. 휴대폰으로 이메일을 보낼 수 있는 세상에서 왜 굳이 우편으로 보내겠는가?

사람이 움직일 필요도, 우표도 필요 없이 즉각적인 전송이 가능한 세상이 도래한 것이다. 그야말로 그때까지 당연했던 것을 완전히 무색하게 만들어 버리는 파괴적 기술이다. 피트니 보우스에게 절대적으로 리포지셔닝이 필요한 상황이 닥친 것이다. 이제 무엇을 해야 할지 분명해진다.

피트니 보우스와 같이 모든 브랜드는 언젠가 '지는 해'가 된다는 것을 명심해야 한다. 해가 지는 데 얼마나 오래 걸릴지는 알 수 없다. 하지만 남아 있는 기계가 벌어들이는 돈은 이제 새로운 변화에 대응하는 일에 사용해야 한다. 물론 100년도 더 된 브랜드를 놓고 새로운 변화에 발맞추어 변화를 시도한다는 것은, 어떤 조직에게나 결코 쉬운 일이 아니다. 그러나 명심하자. 긴 역사가 기업의 사활을 책임져 주지는 않는다. 웨스턴 유니온Western Union 사례를 생각해 보자. 전신기telegraph가 전화로 대체되었다. 더 저렴한 가격에, 더 즉각적으로, 더 많은 말을 전달할 수 있게 해준 것이다.

기존 사업이 쇠퇴의 길을 걷는 동안 기업은 새로운 브랜드를 구축해야 한다. 피트니 보우스가 성공을 거두었던 1900년대에 비해, 현재 기업들이 활동하는 세계는 훨씬 더 냉엄해졌기 때문에 새로운 도전은 만만치 않을 것이다. 그들은 지난 100년을 잘 달려왔다. 그러나 앞으로 다가올 100년은 지켜보아야 할 일이다.

실리콘 그래픽스Silicon Graphics 사례

지금은 더 이상 만날 수 없는 기업의 사례를 면밀히 살펴보고자 한다.

1995년 7월, 어느 기업도 실리콘 그래픽스Silicon Graphics보다 잘나 갈 수는 없을 것 같은 시절이었다. 당시 「비즈니즈 위크 Business Week」 는 다음과 같이 말했다.

〈쥐라기 공원〉에 등장하는 무시무시한 공룡을 만들어내는 데 큰 공헌을 한 3D 그 래픽 컴퓨터, 닌텐도Nintendo 또한 동일한 기술을 컴퓨터 게임 마리오 시리즈 캐릭 터의 비주얼 변경과 아케이드형 게임기의 새로운 세대를 디자인하는 일에 사용했 다. 그 결과 실리콘 그래픽스의 수입이 급상승했다. 6월 30일 끝난 회계연도 기준 으로 수익이 22억 달러로 45% 치솟았다. 이것은 모든 경쟁자를 압도하는 결과다. CEO 에드워드 맥크랙킨Edward R. McCracken은 백악관의 빌 클린턴, 앨 고어 등과 어울리는 위치에까지 이르렀다. 월스트리트의 한 애널리스트는 실리콘 그래픽스를 '또 하나의 애플The New Apple'이라 명명할 정도였으니 말이다.*

---

* "The Sad Saga of Silicon Graphics," *Business Week*, August 4, 1997.

이제 우리 모두는 실리콘 그래픽스가 또 하나의 애플로 남지 못했다는 것을 알고 있다. 2009년 4월, 이 추락한 하이테크의 슈퍼스타는 2천5백만 달러에 매각되고 만다. 경영 착오와 파괴적 기술의 등장이 만들어낸 결과다. 과연 실리콘 그래픽스가 살아남을 수 있는 길은 없었을까?

필자는 윈도우와 인텔의 기술(윈텔Wintel)이 3D 컴퓨팅 시장에 진입해 실리콘 그래픽스의 전매특허 시스템보다 훨씬 낮은 가격에 제품을 공급하기 시작했을 때, 이 같은 상황을 가늠해볼 수 있었다. 실리콘 그래픽스에 대한 필자의 조언은 윈텔을 따라가려 하지 말고, 고성능 컴퓨팅이라는 틈새시장에 전념하라는 것이었다. 실리콘 그래픽스는 이미 그 분야에 신임을 얻을 만한 위치를 가지고 있지 않았던가.

물론 틈새시장에 집중한다는 것은 한편으로는 시장에서 엄청난 성장의 기회를 포기한다는 것을 뜻한다. 필자가 말한 것은 컴퓨터 단말기와 서버 분야에서 포르쉐Porsche와 같은 존재로 리포지셔닝하는 것이었다. IT 업계에 종사하는 사람 치고, 고성능 컴퓨터를 원하지 않는 사람이 있을까? 하지만 실리콘 그래픽스는 썬Sun이나 PC 제조업자들을 추격하는 방법을 택하고 말았다. 필자의 관점은 이것이다. 사멸하느니 특화하는 편이 낫다. 이것은 사실상 죽느냐 사느냐의 선택문제다. 그러나 그들은 조언을 받아들이지 않았다.

생존의 기술

진화하기 위해 기업들이 가장 잘 사용하는 방법은 새로운 아이디어를 활용하여 브랜드를 업데이트하는 것이다. 기존 제품에서 새로운 용도를 제시하는 방법으로 많은 브랜드가 살아남을 수 있었다.

- 3M은 '스카치 테이프 사용법 300선'을 시장에 내놓았다. 소비자들은 이를 통해 스카치 테이프의 사용법을 재발견할 수 있었다.
- 화이버글라스Fiberglas는 처음에 낚싯대, 방음, 방화, 공기필터, 섬유분야에 등장했으나, 1941년 한 해에만 '유리섬유' 제품에서 350개의 특허를 등록했다.
- 헬리콥터는 전쟁에서 사용되는 전술장비였지만, 오늘날 뉴질랜드에서는 양떼를 몰거나, 부유층들을 산속 별장에 태워다 주는 기능으로 주로 사용된다.

제품을 살아남게 하는 또 하나의 방법은 서비스를 추가하는 것이다. 미국 캘리포니아 왓슨빌의 그래나이트 락Granite Rock사는 지역 거래상에 모래와 돌을 판매하는 기업이었다. 건설을 위해 막대한 양의 돌과 모래를 운반하는 트럭을 빌리는 데는 1분당 1달러 이상의 엄청난 비용이 들었으므로, 그래나이트의 고객들에게 시간은 곧 돈이었다.

이들은 어떻게 고객의 시간을 단축했을까? 이 회사는 흡사 은행의 자동인출기와 같은 형식의 자동화된 적재 시스템을 개발했다.

그래나이트익스프레스 GraniteXpress라는 시스템으로, 아이디 카드를 인식시키면 건축자재가 자동으로 적재되고 영수증이 발급되었다. 이로 인해 24분이었던 적재시간을 7분으로 단축할 수 있었다.

만일 고객의 시간을 고객의 돈처럼 중시하는 기업이라면, 자동화된 일사천리의 거래를 가능케 하고 싶을 것이다. 종업원 대신 효율적인 기계를 사용한 결과는 실로 엄청났다. 그것은 고객에게만 도움을 주는 것에 그치지 않고, 직원들을 보다 자유롭게 해주어 즐거운 일터를 조성해갈 수 있도록 해주었다. 그래나이트 락이 5년 연속 「포천 Fortune」지가 뽑은 '가장 일하기 좋은 직장 100'에 선정된 것은 그와 무관하지 않다.

브랜드명으로 성공 진화를 이끌다

기업이 앞으로 나아가고자 할 때, 때로는 이름이 든든한 힘이 되어줄 수 있다.

50년 전 설립 당시, 인터내셔널 서비스 에이전시International Service Agencies는 국제 기부활동에서 중대한 역할을 수행하고 있었다. 캠페인을 통해 재난구호, 경제적 지원, 교육지원 등 십억 달러에 달하는 액수의 돈을 지원했다. 그들은 아프리카의 고아들에게 집을 지어 주었고, 에콰도르 가족의 생계수단인 라마를 구입해 주었으며, 가난한 여성들이 짠 옷감을 지역시장에 판매할 수 있는 길을 열어 주었다.

이들은 다른 어떠한 자선기관들보다도 현격히 낮은 사업 진행비를 가지고 이 모든 일들을 진행해냈다.

이들은 강렬한 인상을 주는 이름을 가진 웹사이트를 가지고 있었다. www.Charity.com이 그것이다. 그런데 정작 그 기관의 이름인 인터내셔널 서비스 에이전시는 사람들에게 큰 혼란을 주었다. 마치 정부 기관 산하의 조직같은 느낌을 준 것이다. 어떤 사람들은 연방정부의 재정지원을 받는다고 생각하기까지 했다.

이사회는 필자들이 제안한 새로운 브랜드명을 받아들였다. 새 이름인 글로벌 임팩트Global Impact는 그들의 궁극적인 미션과 수행하고 있는 업무를 잘 나타내주는 것이었고, 이 조직은 브랜드명 그대로 '글로벌 임팩트'를 지닌 조직이 되었다.

브랜드명이 덫이 된 사례

SciFi라는 케이블 채널이 공상과학Science Fiction 이외의 것들도 담아내는 채널로 리포지셔닝하고 싶다면 어떻게 해야 할까? 실제 사례를 살펴보자. 이름을 'SyFy'로 바꾼 채널을 떠올려 보라. 인쇄된 활자를 보더라도 그게 무엇을 의미하는지 아무도 모를 것이다. 게다가 철자를 바꾸었어도 발음을 들어보면 예전과 달라진 건 아무것도 없다.

이 회사는 2009년 뉴욕에서 새로운 이름을 발표하면서, 회장인 데이빗 호우David Howe는 "'SyFy'가 미디어의 새로운 장을 열 것"이라고 선언했다.

그런 말도 안 되는 소리는 아마 들어본 적이 없을 것이다.

우리는 이름 짓는 일과 관련해 쉴새없이 놀라게 될 사례들을 만나게 된다. '나쁜 이름 명예의 전당'에 오른 후보를 만나 보자. 리포지셔닝이 시급한 이름들이다.

- **로리타**[*]Lolita **침대**　영국의 울워스Woolworth 상점은 6살 소녀들을 위한 침대를 판매하고 있었는데, 침대 이름이 로리타였다. 분노한 부모들은 황급히 제동을 걸고 나섰다.

- **인큐버스**Incubus **운동화**　리복Reebok은 여성을 위한 러닝화, 인큐버스를 출시하고 매출이 급락했다. 그 원인은 인큐버스가 지닌 사전적인 의미가 매우 불쾌한 것이었기 때문이다. 인큐버스는 '여성들이 자는 동안 내려와 강간하는 악마의 영혼'이라는 뜻이었다. 그 이름은 곧 사라졌다.

기업에 손해를 입히고 있는 이름을 갖고 있다고 판단한다면, 이를 과감히 버려야 한다. 1985년 콜게이트-팜올리브Colgate-Palmolive사는 1920년대 브랜드인 다키Darkie를 인수했다. 1920년대에는 어땠을지 몰라도 1980년대에 검은 얼굴을 가진 민스트럴minstrel(역자주 : 음유시인) 중세 음악가 로고를 가지고는 소비자에게 다가가기 어려울 것이 분

---

[*] Lolita : (나이 든 남자들에게 성적 매력이 있는) 조숙한 소녀를 의미하는 말.

명했다. 영문 이름의 단 한 글자를 바꾸는 것으로 콜게이트는 신속하게 리포지셔닝했는데, 달리Darlie라는 이름이었다. 실크 모자와 턱시도를 입은, 여러 인종으로 모두 해석할 수 있는 얼굴을 지닌 남자가 그려진 로고를 가지고 말이다. 민첩한 리포지셔닝이다.

어떻게 진화할 것인가

경쟁시장이 진화하고 있는 가운데, 기업이 제품을 리포지셔닝하기 위한 핵심 결정사항은 '브랜드화할 것인가, 브랜드화하지 않을 것인가'이다. 다시 말해 기존 브랜드로 남아 있을 것인가, 하위브랜드를 만들 것인가, 새로운 브랜드를 만들 것인가, 이런 문제라는 것이다. 앞서 만난 피트니 보우스의 사례를 보면서 새 브랜드의 필요성을 느낄 수 있었다.

앞으로 접할 로터스 디벨롭먼트Lotus Development 사례를 보면 기존 브랜드로 남아야 한다고 생각하게 될지도 모른다. 또 코치Coach가 죽 의류처럼 가치 있는 하위브랜드 사례도 만나게 될 것이다. 그런가 하면 실리콘 그래픽스처럼 브랜드는 남겨두되 잘못된 방향으로 진화한 사례도 이미 접했다. 실패할 확률이 높은 제품 라인 확장에 대해서도 살펴보았다.

기업의 방향성은 진입하고자 하는 시장에 바탕을 둔다. 만일 기업이 하위시장으로 향하고 싶다면, 이미 보유하고 있는 브랜드의 기반을 약화시키지 않기 위해 하위브랜드를 만들게 될 것이다. 그런데 고급시장으로 향하고 싶다면, 문제가 조금 까다롭다. GM의 캐딜락Cadillac이 선보인 5만 달러짜리 알란테Allante는 처참히 실패하고 말았다. 이 브랜드가 고품격으로 와닿지 않았기 때문이다. 이 경우 GM은 캐딜락의 그늘에서 벗어나 완전히 새로운 브랜드를 출시하고, 보다 과감한 투자를 감행했어야 했다.

유통의 진화 또한 문제가 될 수 있다. 퀵실버Quick Silver는 잘 나가는 서핑, 스케이트보드 의류브랜드로, 유통경로는 주로 소규모 서핑용품점이다. 만약 유통경로를 대규모 상점으로 바꾼다면 일시적으로는 매출이 오를지도 모른다. 그러나 퀵실버는 쿨Cool함이 생명인 젊은 브랜드다. 퀵실버의 창업자는 "큰 덩치야말로 쿨해지는 데는 적이다"라고 말한 바 있다. 다음 내용을 읽으면서 그의 말을 꼭 기억하기 바란다.

시선을 낮추어 성공을 찾다

먹이사슬의 다른 편 끝에 고객이 있다는 사실을 대부분의 기업은 간과하곤 한다. 사실 사업을 리포지셔닝하거나 새로운 브랜드를 구축하는 최선의 방법은, 다른 한 편에 있는 고객을 잡는 것인데 말이다.

- 수표할인Check cashing 산업은 우리 사회에서 잘 알려지지 않은 '돈이 되는' 금융기관 중 하나다. 수표할인업자는 은행이 잘 들어서지 못하는 도심 한복판에 사무실을 열고 은행잔고가 부족한 개인들에게 수표를 현금화해 준다. 그들은 수표의 일부 금액을 수수료로 챙기고 나머지를 고객들에게 내어 주는 것인데, 그 수수료가 생각 이상으로 짭짤하다. 그들은 금융서비스시장의 하층에 자리잡음으로써 전자결제, 대출 등의 다양한 부가서비스로 영역을 확장하기까지 했다.

- 소매상들도 상대적으로 덜 부유한 계층을 향한 사업에 눈길을 돌리기 시작했다. 야마다 그룹Yamada Group은 브라질의 색다른 개념의 백화점과 슈퍼마켓 체인이다. 그들은 아마존에서 힘들게 노동하는 이들을 위해 신용카드 사업을 제공하고 있다. 야마다 카드는 그들의 상점에서만 사용할 수 있는데, 아마존의 어부, 코코넛 상인, 광부, 노점상 등과 같은 그들의 고객에게는 이 신용카드가 매우 유용하다. 이러한 선택은 야마다를 위해서도 현명한 것이었다. 체납액이 보통 신용카드 사업보다 낮았으며, 수익률 또한 일반 사업보다 높은 것으로 나타났기 때문이다. 야마다 체인 경영진에 따르면, 야마다의 가난한 고객들은 야마다 신용카드를 매우 고맙게 생각하기 때문에 신속하게 카드 대금을 갚는다고 한다.

한 계단 높은 곳을 향해 고객을 찾은 사례

아일랜드의 씨앤씨 그룹C&C Group은 자신들의 사과주스cider인 매그너스 오리지널Magners Original을 영국 소비자들에게 프리미엄 음료로 리포지셔닝하는 데 성공했다. 씨앤씨의 최고경영자는 「타임」 지와의 인터뷰에서 이렇게 말했다.

"사과음료는 이제 쿨한 느낌을 주는 음료가 되었지만, 과거에도 그랬던 것은 아니다. 예전에는 거리의 부랑자들이나 벤치에 앉아 마시는 음료처럼 인식되어 있었다."[*]

이 사과음료는 커다란 플라스틱 용기에 담겨 할인점에서 판매되고 있었고, 이것이 값싼 이미지를 강화하는 요인이었다. 1990년대 판매 부진과 싸우던 끝에, 씨앤씨는 사과음료에 대대적인 변신이 필요하다는 것을 깨닫는다. 리포지셔닝의 주요 아이디어는 다음과 같았다.

- 알코올 함유량을 맥주와 비슷한 4.5%까지 낮춘다.

- 사과 향을 높인다.

- 맥주 집, 바 등에서 생맥주처럼 대형 저장 통에 담아 놓고 따라 주는 판매방식을 중지한다.

- 플라스틱 항아리 같은 용기를 버리고, 예쁜 1파인트pint(약 0.5리터)짜리 병에 담는다.

- 가격을 대폭 인상한다.

- 미지근한 온도로 서빙하던 방식을 버리고, 얼음을 잔뜩 넣은 채 고객들이 마실 수 있도록 마케팅한다.

---

[*] Thomas Grose, "How Do You like Them Apples?" *Time*, May 17, 2007.

매그너스Magners를 유리병에 담는다는 아이디어는 결과적으로 탁월한 선택이었다. 단지 더 높은 가격을 책정할 수 있다는 점 말고도, 소비자들이 손에 쥘 수 있을 만한 크기였다는 점이 효과적이었다. 얼음을 담아 마시도록 만들자는 아이디어는 아일랜드 전통과 관련된 것인데, 당시 아이리쉬 술집에는 냉장시설이 잘 되어 있지 않았기 때문에 손님들이 그냥 얼음을 많이 넣어서 먹었던 것이다. 어쨌든 새 제품이 제시하는 안내문에 따라 소비자들은 얼음을 넣어 마시게 되었고, 1년 후 매그너스의 매출은 260% 성장했다.

유통망을 진화시켜라

앞서 언급한 바와 같이, 기업은 기존 유통망과 브랜드 이미지를 망가뜨리지 않는 범위 내에서 새로운 유통경로를 찾아낼 수 있다. 몇 가지 사례를 보자.

- 리넨 앤 씽즈Linens N'Things는 2009년 파산해 사모투자 기업private equity firm에 의해 인수된 뒤, 인터넷에서만 만날 수 있는 브랜드가 되었다. 그들은 여전히 20여만 개의 가정용품을 공급하고 있고, 베드 배쓰 앤 비욘드Bed Bath & Beyond 같은 오프라인 경쟁자들에 비해 낮은 간접비를 자랑하며 운영되고 있다.

- 뉴프린Nuprin은 오래된 소염진통제 브랜드일 뿐이었다. 독점적인 소매상이 된 CVS라는 약국 체인에 팔리면서, 유통업체 자체상표private label라는 새로운 길을 찾기 전까지는 말이다.

- 타파웨어Tupperware는 몇 십 년 동안을 파티를 통해 판매하는 형식으로 자리잡아 왔다. 그러나 오늘날처럼 맞벌이가정이 늘어나는 현실에서 파티 행사는 점점 어려워지고 있다. 이제는 마트에 가도 만나볼 수 있다.
- 방문판매로 유명한 에이본Avon화장품도 현재 백화점에서 판매되고 있다.
- 어린이 TV 쇼 'Mister Rogers' Neighborhood'의 창시자인 프레드 로저스Fred Rogers 조차도 새로운 유통경로를 찾는 일을 게을리하지 않았다. 그는 PBS 웹사이트를 통해 쌍방향 프로그램을 소개했고, www.misterrogers.org를 통해 어린이들을 위한 연속물을 제공하고 있다.

요점은 간단하다. 기업이 팔고자 하는 것이 무엇이든, 반드시 또 다른 유통방법은 있다는 것이다. 우편, 온라인, 쇼핑몰이나 공항의 키오스크kiosk, 택배나 퀵서비스에 이르기까지. 또 다른 방법이 없을지 고민할 일이다.

컨버전스로 진화해도 괜찮을까?

지난 수년 동안 필자는 제품을 진화하는 방법으로 '컨버전스convergence'가 나쁜 선택이라고 말해 왔다. 한 가지 이상의 기능을 가진 제품을 만들어 낼 때는 반드시 포기해야 하는 부분이 생기기 마련이다. 디자이너가 다기능 제품을 디자인하려면, 단일기능 제품에서 가능한 탁월한 디자인은 포기해야 한다. 디자인을 최대한 간소화하고 다기능을 담아내야 하기 때문이다.

최고의 차가 동시에 최고의 배가 될 수 있을까? 당연히 어려운 일이다. 정말 빠른 차를 원한다면 페라리Ferrari를 사야 할 것이고, 고속을 낼 수 있는 보트를 원한다면 시가렛 보트Cigarette boat를 살 일이다. 포뮬러 원Formula One이 탁월한 경주용 자동차 타이어인 동시에 승용차 타이어가 될 수 있을까? 가능하지 않다.

비유적으로 표현하자면 고객들은 혈통 좋은 한 마리의 개를 원하는 것이지, 여러 혈통이 섞인 잡종을 원하는 것이 아니다. 다시 말해 고객들은 다른 부가기능 몇 가지를 얻자고 정작 중요한 기능을 포기하지는 않는다. 만일 한 기업의 제품이 한 가지 기능을 탁월하게 구현하는 것과는 달리, 시원찮은 기능을 주렁주렁 달고 있다면 그것은 결코 경쟁자들과의 차별점이 될 수 없다.

컨버전스, 새로운 것으로 태어나야 한다

추가기능을 지닌 제품이 컨버전스라는 이름으로 성공할 수 있으려면, 완전히 새로운 제품으로 태어나야 한다. 휴대폰을 보자. 아이폰, 블랙베리BlackBerry 등의 제품들 덕분에 휴대폰은 단지 전화를 거는 기기 이상으로 진화할 수 있었다. 이제 사람들은 휴대폰으로 온라인 세계에 진입할 수 있고, 게임을 즐길 수 있으며, 길을 찾거나 사진을 찍는 등 다양한 기능을 누릴 수 있다.

이제 휴대폰은 더 이상 단순한 전화기가 아니다. 주머니 속의 컴퓨터라 해도 과언이 아닐 만큼, 휴대폰으로 통화하는 시간보다 단말기 화면을 응시하는 시간이 많아졌다. 휴대폰은 이제 원할 때마다 손에 들고 말하고, 듣고, 읽을 수 있는 컴퓨터 화면이 된 것이다. 우리는 어디에 가든, 누구와 있든 상관하지 않고 손 안에 든 작은 컴퓨터만 처다보고 있는 무례한 시대에 도달한 것 같다. 이러한 환경에서 자란 오늘날의 아이들이 이끌어갈 다음 세대가 걱정될 정도다.

성공한 진화, 실패한 진화

진화에 성공한 기업들에는 다 이유가 있기 마련이다. 맥킨지McKinsey & Company의 임원 리처드 포스터Richard Foster는 「*California Management Review*」에 기고한 글을 통해 실패의 이유를 간결하게 제시하고 있다.

1955년 10개가 넘던 진공관 제조 선두기업 중에서 1975년에는 단 두 개만이 살아남았다. 실패요인에는 세 가지가 있다. 첫째, 신기술에 투자하지 않았다. 둘째, 투자는 하되 잘못된 기술을 선택한 경우다. 셋째는 문화적인 부분인데, 동시에 두 가지를 추구하지 못했기 때문이다. 순식간에 낡은 것이 되어버린 기존의 기술을 지키려는 노력과 신기술로 시장을 공격하려는 시도가 그것이다.*

* M. L. Tushman and C. A. O'Reilly III, "Ambidextrous Organizations: Managing Evolutionary and Revolutionary Change," *California Management Review* 38, no. 4 (1996), pp. 8–30.

리처드 포스터는 인텔이나 모토로라 같은 기업은 그러한 내적 갈등에 부딪히지 않고, 스스로를 재창조하며 성장했다는 점을 강조했다. RCA 같은 기업은 지난 날의 성공에 발목 잡혀 기존 기술을 지켜내지도, 신기술로 혁신하지도 못한 채 실패자가 되고 말았다.

RCA와는 대조적인 세이코Seiko 시계의 사례를 보자. 세이코는 1960년대 일본의 독보적인 시계제조업체였다. 그러나 시계산업에서 일본 기업들은 글로벌 기업들에 비해 규모가 영세했다. 세이코 경영진은 과감한 결단을 내렸다. 그들의 선택은 글로벌 기업으로 다시 태어나겠다는 것이었다. 세이코는 음차, 쿼츠, 기계식 등 혁신적인 진동기술들을 개발하기에 이르렀고, 1969년 세계 최초의 쿼츠 손목시계 쿼츠 아스트론Quartz Astron을 출시해 세계 탑 브랜드로 올라서게 되었다. 간단하게 전지를 이용해 동력을 얻는 쿼츠 기술을 개발해 그동안 비싼 가격 때문에 구매하지 못하던 많은 사람들에게 저가의 시계를 공급할 수 있게 된 것이다. 게다가 쿼츠 기술은 스위스 고가시계 기술에 비해 시간 오차가 적었다.

세이코는 기계식 시계만 팔던 작은 회사에서 전자시계와 기계식 시계를 함께 생산하는 거대한 글로벌 기업으로 탈바꿈하게 되었다. 스위스의 시계 기업들 역시 세이코처럼 쿼츠와 기존 진동기술 모두 개발했지만, 그들은 기존 기술에 재투자하는 쪽을 선택했고 그것이 세이코와의 차이를 낳고 말았다. 쿼츠 기술이 시장의 표준이 되어 세이코와 다른 일본 기업들이 승승장구하는 가운데, 스위스의 기업들은 고전을 면치 못하게 되었다.

── 자기중심적 사고Inside Thinking의 함정

오랜 기간 성장을 거듭해 온 기업들은 성공을 확실하게 거머쥔 것으로 보인다. 그런데 기업이 성공하게 되면 자연스레 '우리가 아는 것이 최고'라는 사고방식 또한 자라나기 마련이다. 왜 아니겠는가? 사실 어떻게 보아도 그 경영진과 직원들이 아는 것이 업계 최고라 자부할 만하다.

문제는 시간이 흐르면서 그것이 자만과 과신으로 이어진다는 점이다. 어떤 문제에 관해서든 우리는 답을 갖고 있지만, 남들은 그렇지 못하다고 생각하는 것. 그렇게 생각하기 시작하면 아무래도 경쟁자들에 대해 무심해지기 마련이다. 새로 등장한 경쟁자에게 신경 쓰는 일은 심지어 시간 낭비처럼 느껴진다.

그 사이 어떤 일이 벌어지겠는가? 자아도취에 빠진 조직은 새로운 기회를 놓치고 만다. 경쟁자의 위협에 신경쓰지 않고 고객의 니즈를 잘못 읽어내게 된다. 위험요인이나 성공요인을 읽어내지 못하는 기업은 위기대처능력이 떨어지기 마련이다. 위험이나 기회를 파악하기보다는 현실에 안주하게 된다.

성공이 낳은 규모, 시장지배력, 특권의식이 어떻게 기업을 내부지향적으로 만드는지, 그래서 외부환경을 이해하고 위기에 대처하는 능력을 약화시키는지 보여주는 사례는 도처에 널려있다. 성공적인 리포지셔닝은 바깥을 살피며 주목하는 일에서부터 시작된다. 왜냐고? 고객과 경쟁자가 바로 그곳에 있기 때문이다.

5장
덩치가 클수록 변화하기 힘들다

큰 덩치는 변화의 적이다. 이는 융통성 결여와 지나친 자부심 등을 초래해 예측 불가능한 시대에 놓인 기업의 성장을 방해한다. AIG, GM, 메릴 린치Merrill Lynch, 시티 그룹Citicorp 등 큰 규모의 기업들이 무너져 내린 모습을 보라. 리포지셔닝을 하기 위해서는 유연성이 필요하다. 만약 사업 규모를 확장하려 한다면, 유나이티드 테크놀로지United Technologies의 사례를 참고하라. 유나이티드 테크놀로지는 오티스 엘리베이터Otis, 캐리어 에어컨Carrier, 시콜스키 헬리콥터Sikorsky, 프래티 & 휘트니 제트 엔진Pratty & Whitney, 노든 전자Norden 등 자체 운영되는 고도로 전문화된 브랜드를 조합했다.

각각의 브랜드는 필요한 경우 스스로 리포지셔닝을 했고, 나머지 브랜드에는 거의 영향을 주지 않는 방식으로 운영되었다. 오티스가 유나이티드 테크놀로지 소유라는 걸 아는 사람들이 얼마나 될까? 각 브랜드는 빠르게 변화하는 세상에서 일어나는 일에 대처하기 위해 유연성을 그대로 유지하고 있다.

기업 규모 확장에 대한 연구를 살펴보면, 큰 규모에 대해 회의적인 생각을 갖게 만드는 방대한 양의 보고서와 분석 자료를 만날 수 있을 것이다. 5장을 끝까지 읽는다면 합병의 유혹에 빠진 CEO들이 대체 어떤 생각을 하고 있는 건지, 심히 의문스러워질 것이다.

─── 거대기업 콤플렉스

두 경제학자가 400페이지에 달하는 보고서를 통해 '거대 산업직은 규모의 경제에 봉사하는 시녀'라는 전형적인 기업문화에 대적했다. 「거대기업 콤플렉스*Bigness Complex*」라는 책에서 월터 아담스Walter Adams와 제임스 브록James Brock은 규모 확장의 덫에 사로잡힌 기업들이 미국의 경기하락을 불러일으킬 것이라 경고했다.

하지만 뜻밖에도 그들이 예측한 것과 정 반대의 상황이 벌어졌다. 미국 경제가 놀라울 정도로 확장되었다. 두 경제학자는 거대 기업이 스스로 무너지기 때문에 정부가 그들의 악영향을 규제할 필요가 없다는 것을 간과했다. 그리고 하이테크 분야의 작은 기업들의 폭발적 증대가 미국 경기 확장을 촉진한 상황도 예측하지 못했다. 결과

적으로 미래를 예측하는 데는 실패했지만, 그들이 개진한 '거대 규모'
에 대한 강력한 의견은 되새겨볼 필요가 있다.

규모가 큰 기업이 더 효율적일까?

　광범위한 연구관찰을 통해 월터 아담스와 제임스 브록은 대기업
의 생산성이 향상되지 않고 오히려 감소했다는 것을 밝혔다. 그들의
핵심 의견은 다음과 같다.

1. 공장의 최적 규모는 해당 기업이 속한 내수시장 규모에 비해 상대적으로 매우
   작은 편이다.
2. 최적 규모보다 훨씬 작은 규모의 공장에서 발생하는 생산 효율성의 손실은 생
   각보다 훨씬 적다.
3. 규모의 경제를 조금만 희생해도 상당한 분권이 이루어질 수 있다.

　거대 기업들이 큰 규모의 공장 단지를 작은 규모의 공장들로 대
체하고 있다는 사실은 별로 놀라운 사실이 아니다. 기업들은 규모
와 복잡성으로 인해 생기는 문제에 제대로 대응하기가 얼마나 어려
운지 깨달은 것이다.

덩치가 클수록 수익성이 떨어진다

　캘리포니아대학 경영대학원의 리처드 루멜트Richard Rumelt 교수는

기업 규모에 대해 흥미로운 관점을 제시했다. 그가 「맥킨지 보고서 *McKinsey Quarterly*」와 인터뷰한 내용을 보자.

맥킨지 보고서: 다각화와 집중에 대한 교수님의 연구에 대해 말씀해 주시겠습니까?

리처드 루멜트: 기업전략에 대한 저의 첫 번째 연구에서, 적절한 수준으로 다각화하고 집중화의 중요성을 놓치지 않은 기업들이, 고도로 다각화된 기업들에 비해 성과가 더 좋다는 것을 밝혔습니다. 그리고 그 결과는 수십년 동안 입증되어 왔지요. 재무이론에서는 기업이 리스크를 줄이기 위해 다각화를 한다고 하지만, 실제 비즈니스 세계에서는 리스크를 줄이기 위해서가 아니라 성장을 유지하기 위해 다각화가 이루어집니다. 신생 기업 또는 초기 단계 기업들은 매우 집중화되어 있는데, 취약한 상황이기도 하지요. 그같은 기업들은 성장이 멈출 때나 기존 사업의 확장 기회가 고갈되었을 때에만, 다각화에 대해 고려하는 경향이 있습니다.

맥킨지 보고서: 고도로 다각화된 기업들의 수익이 적은 원인이 무엇일까요?

리처드 루멜트: 조직이 복잡해질수록 구석구석 보이지 않는 곳에서 비효율적인 사업들이 축적됩니다. 물론 종종 눈에 보이는 분야에서도 나타나는

현상이지요. 비효율적인 사업들은 성과가 좋은 주변 사업들에 의존하여 운영됩니다. 그리고 사업 폐쇄를 두려워하는 사람들 때문에 너무 오랫동안 주변 사업에 기댄 채 버팁니다. 종종 이러한 사업들은 고위관리자들의 관심 프로젝트인 경우가 있어서, 매각될 경우 그들의 자존심에 손상을 입힐 수 있습니다. 그 같은 사업들을 정리하는 것은 한 개인의 경력에는 정말 도움이 되지 않으니까요. 오히려 기업의 규모를 키우는 편이 손쉬울 뿐 아니라 정치적으로도 인기를 얻는 방법이라고 볼 수 있습니다.[*]

거대기업은 스스로를 공격하지 못한다

기업이 성공가도를 달리고 있을 때는 변화를 원하지 않는다. IBM은 세상이 작은 컴퓨터 중심으로 바뀌는 현실을 외면했다. GM은 대형차 중심의 시장 판도가 소형차로 넘어가는 추세를 보지 않으려 했다.

기업의 핵심 사업을 위협하는 새로운 아이디어는 달갑지 않은 법이다. 성공한 대기업에서 "그거 좋은 아이디언데? 기존 아이디어는 버리자."라는 말을 듣기란 거의 불가능하다. 대신 이런 기업들은 새로운 아이디어를 흠 잡기 급급하다. 그들은 새로운 아이디어가 파괴적 기술이 되거나 힘의 균형을 이동시킬 수 있을 정도로 발전 가능

---

[*] http:www.mckinseyquarterly.com/Strategys_strategist_An_interview_with_Richard_Rumelt_2039.

성을 제시하는지 가늠해 보려 들지 않는다.

제록스Xerox는 레이저 프린팅 기술을 개발했다. 하지만 기존의 복사기 사업에 영향을 주지 않기 위해, 레이저 프린팅 기술을 큰 기계에서만 구현될 수 있도록 제한했다. 결국 휴렛 팩커드가 레이저 프린팅 사업분야를 지배하게 되었다. 코닥Kodak은 디지털 사진기술을 개발했지만 기존 필름 사업을 보호하기 위해 공격적으로 디지털 사진사업을 추진하지 않았다. 결국 많은 경쟁자들이 디지털 사진시장을 차지하고 말았다.

시장선도자는 항상 더 나은 아이디어로 자기 자신을 공격해야 한다. 만약 스스로를 리포지셔닝하지 않는다면, 머지 않아 경쟁자들이 부정적인 방법으로 리포지셔닝시키는 공격을 감행할 것이다.

거대기업은 조직화하기 어렵다

많은 경제학자들이 거대 기업 조직화의 어려움에 대해 언급하고 있다. 하지만 필자는 로빈 던버Robin Dunbar라는 영국 인류학자의 분석이 가장 명쾌하다고 본다. 말콤 글래드웰Malcolm Gladwell은 「티핑포인트The Tipping Point」라는 저서에서 개인이 어느 정도 규모의 조직을 편안하게 운영할 수 있는지 설명하는, 이른바 사회적 능력social capacity에 대한 던버의 연구를 소개한다. 그에 따르면 사람들이 사회적 방식의 복잡함을 다룰 수 있는 두뇌를 가진 유일한 동물이기 때문에, 영장류 중에서 가장 큰 규모의 그룹에서 사회화한다고 한다. 또한 개인이 가질 수 있는 진정한 사회적 관계(상대가 누군지 알고, 어떻게 우리와 연계되어 있는지 아는)의 최대 숫자는 150이라고 한다.

로빈 던버의 연구로부터 말콤 글래드웰은 과도한 규모의 문제점을 다음과 같이 지적하고 있다.

큰 규모의 기업은 종업원들의 충성도와 응집력을 높이기 위해 복잡한 위계와 규칙, 공식적인 절차를 만들어야 한다. 하지만 로빈 던버는 조직의 규모가 150명 이하일 때 위와 같은 성취가 가능해진다고 말한다. "150명 이하 규모의 조직에서는 개인의 충성심과 일대일 접촉을 기반으로 한 명령이 실행되고, 제멋대로의 행동은 통제될 수 있다. 하지만 규모가 그 이상이 되면 그같은 조직화는 불가능해진다."

── 개인적 목표

로빈 던버가 생각하지 못했던 일이 거대 기업에서 일어나고 있다. 만물의 영장인 인간은 개인적 목표에 본능적으로 반응한다. 기업에 최적인 대안과 자신에게 최적인 대안 사이에서 의사결정을 해야 하는 경우를 생각해 보자. 그런 경우 대부분의 사람들은 자신의 경력에 도움이 되는 선택을 한다.

필자의 오랜 경험에 비추어 보면, 새로운 과업이 시작될 때 "상황이 꽤 괜찮네. 그대로 내버려둡시다."라고 하는 마케터들을 한 번도 본 적이 없다. 혈기왕성한 마케터들은 무언가를 개선시키고자 한다. 즉, 자신의 흔적을 남기려 하는 것이다. 그냥 가만히 앉아 있는 건 왠지 불편하게 느껴진다. 사람들로 가득 찬 기업의 사무실을 떠올려 보라. 그 사무실에는 분명 끊임없이 브랜드를 손보려는 사람들이 있을 것이다.

그런데 이것이야말로 브랜드가 위험에 빠지는 이유이기도 하다. 더 많은 사람들이 있을수록, 브랜드를 관리하는 것이 더 어려워진다.

펩시 사례

펩시의 북미 음료사업이 '개인적 목표'의 가장 극단적인 예이다. 마씨모 다모르Massimo d'Amore가 펩시로 영입될 당시, 그는 수익상황에 만족하지 못하고 변화를 시도하기로 마음 먹었다. 그는 유행에 민감한 마케팅을 원했고, 일곱 개 브랜드의 새로운 광고와 슬로건뿐만 아니라 1,121개에 달하는 병, 캔, 패키지를 새로 디자인하려 했다. 게다가 그는 이 모든 변화를 단 일곱 달 만에 해내려 했다.

세 가지 결과에 주목할 필요가 있다. 펩시의 프로젝트를 담당한 디자인회사는 트로피카나 오렌지 주스 패키지 디자인을 대폭 수정했다. 그리고 가장 중요한 그래픽 요소를 제거해 버렸다. 트로피카나가 순수 오렌지 주스라는 것을 시각화한 '빨대가 꽂힌 오렌지'를 없애

버린 것이다. 이 빨대가 사라지자 사람들은 이 주스를 트로피카나가 아닌 유통업체 브랜드Private Brand로 보기 시작했다. 마치 코크Coke가 뉴 코크New Coke를 소개했을 때처럼 시장이 반란을 일으킨 것이다. 결국 펩시는 기존 디자인으로 돌아가야 했고, 변화에 투입한 수백만 달러는 공중으로 사라졌다.

펩시 병도 새로 디자인했다. 기존 병은 펩시 이름과 로고로 이미 완벽한 디자인이었지만, 디자이너들은 로고를 살짝 회전시켜, ‘펩시’라는 글자를 매우 읽기 어렵게 만들었다. 그런데 대부분의 일반소비자들은 변화의 차이를 알아채지 못했다. 수백만 달러를 디자인 수수료와 패키지 비용으로 날려버린 프로젝트였던 것이다.

그리고 성공적이었던 게토레이Gatorade 브랜드도 망쳐버렸다. 그들은 패키지에 게토레이 글자를 수정하여 G를 더 크게 만들고 이 브랜드의 대표적인 특징인 천둥번개의 크기를 줄였다. 이런 일련의 작업들은 소비자를 혼란스럽게 할 뿐이었고, 게토레이의 시장점유율은 4.5%나 떨어졌다.

위의 사례들에서 어느 한 가지라도 펩시의 장기적 사업을 개선시킨 것이 있을까? 이 모든 것을 지휘한 디자인회사가 펩시에게 더 많은 이익을 가져다 주었을까? 아닌 것 같다. 결국 ‘개인적 목표’는 대기업에서 관리상의 어려움을 초래하는 걸림돌로 작용한다.

무엇이 잘못된 결과를 낳는가

연구에 따르면 대다수의 기업 합병은 예상보다 훨씬 낮은 성과를 보인다고 한다. 합병된 두 대기업은 운영 통합에 너무 많은 시간을 소모하기 때문에, 결국 과거의 영광과 브랜드 명성을 훼손하기에 이른다. 합병 뒤에는 새로운 아이디어나 혁신을 거의 찾아볼 수 없다. 모빌Mobil과 엑슨Exxon의 합병 결과를 보라. 필자가 보기에는 합병에서 이득을 본 건 비용절감, 시장점유율 증대, 주가상승만을 고심한 회계사와 효율성 전문가들 뿐이다.

방대한 자원과 브랜드 명성이 혁신을 보장해주지는 않는다. 오히려 전통과 관료적 관습이 리포지셔닝적 사고를 방해할 뿐이다.

문제는 증폭된다

대규모 합병이 이루어지면 종업원, 제품, 주주, 고객의 규모가 족히 두세 배는 증가한다. 이렇게 증가한 모든 것을 제대로 관리하기란 참으로 어려운 문제다. 로고 변경, 구조 조정, 사무실 폐쇄, 사업매각 등의 문제는 늘 골치덩이다. 더구나 이런 상황을 어떻게 고객과 직원들에게 효과적으로 전달할 수 있을지를 놓고, 끊임없이 회의가 열린다.

유능한 직원들을 다른 회사로 떠나지 않도록 붙잡아두는 것도 문제가 된다. 능력에 대한 평가, 퇴출 대상 판단 등의 이슈가 회사를 혼란스러운 분위기로 만든다. 갖가지 루머로 불안해진 회사 안에서는 새 직장을 알아보는 사람, 업무에 집중하지 못하는 사람으로 업무는 뒷전이 되고 만다.

하지만 무엇보다 가장 큰 문제는 서로 다른 기업문화 아래서 일하던 사람들이 함께 일하면서 발생하는 문화충돌이다. 간단히 말하면 문화는 '일하는 방식'이다. 문화는 의사결정 참여, 성과보상, 리스크 감수, 품질 및 원가 지향성 등을 포함한다. 따라서 합병 기업은 많은 비용을 들여가며 상호 소통이나 통합을 위한 세미나를 하게 된다. 그러나 팀 구성과 감수성 훈련은 갈등과 분노를 야기하는 경우가 많고, 결국 변화관리 컨설턴트까지 필요하게 된다.

이것이 미국에서 합병 기업 초기 단계에 통상적으로 일어나는 현상이다. 다임러크라이슬러DaimlerChrysler와 같은 세계적 합병 기업이 탄생할 때 차세대 기술이나 경영기법 같은 새로운 방식은 효과를 발하지 못했다. 독일의 자동차 생산자와 미국 자동차 생산자가 쉽게 통합될 수 있을까? 아닐 것이다. 메르세데스Mercedes 기술자들과 크라이슬러 기술자들의 생각이 비슷할까? 전혀 아니다. 경영 컨설턴트들이 그러한 태도의 문제를 변화시킬 수 있는 가능성은 희박하다. 사실상 합병이 깨지는 건 시간문제인 것이다.

정체의 순간

위의 사례를 접하고서도 '규모 확장'에 대한 미련을 버리기 어렵다면, 기업전략위원회Corporate Strategy Board가 제시한 연구결과를 보자. 이 기관은 휴렛 팩커드사와 공동으로 성장의 한계에 관한 연구를 실시했다. 이들은 '정체 경험stall experience'에 대한 40여 년간의 연구를 통해, 규모가 커지면 성장을 위한 경영이 어려워진다고 결론 내렸다.

그들이 제시한 수치를 보면 반박할 수가 없다. 4천만 달러 규모 기업은 20% 성장하기 위해 8백만 달러가 필요하다. 하지만 4십억 달러 규모 기업은 20% 성장을 위해 8억 달러가 필요하다. 그 정도로 큰 규모의 새로운 시장은 매우 드물다. 이것은 규모가 크고 성공한 기업일수록, 자신의 성장 페이스를 유지하기 어렵다는 것을 의미한다.

흥미롭게도 기업 성장 정체의 근본적 원인 중 83%는 통제 가능한 것이었다. 전략적 요소나 조직적 요소가 기업의 성장을 저해한 것이다. 다시 말하면, 덩치가 큰 기업일수록 경영상 실수가 발생하기 더쉽다. 덩치가 커질수록 더 관리하기 어렵다.

── 잘못된 방향의 규모확장

AIG만큼 슬픈 사례도 없다. 붕괴되기 전 AIG는 보험과 다양한 보험연계활동 관련(자산, 손해, 라이프, 파이낸스 서비스, 연금상품, 자산관리, 항공기 리스 등) 자회사의 연합체인 지주회사였다. AIG는 세계에서 가장 큰 보험회사였다. 관리가 불가능한 규모였다. 벼랑 끝에

선 AIG가 직원이 고작 300명이며 신용-파산스왑CDS credit default swap
까지 발행한 런던 소재 한 기업에게 인수된 것이 과연 놀라운 일일
까? 그런 비극이 벌어지지 않도록 오래전부터 손쓸 수 있는 방법이
있었을 텐데, 안타까울 뿐이다.

필자는 AIG가 당시 자주 행하던 인수를 위한 전략에 관여하게 되
었다. 그들은 스토우Stowe라는 버몬트 스키장 일대를 인수하려고 하
였다(CEO 행크 그린버그Hank Greenberg가 스키 광이었다.). AIG가 일
반 생명보험회사를 넘어선 기업으로 리포지셔닝을 하려는 것임은 분
명했다. 필자가 제시한 아이디어는 단순하지만 강력한 것이었다. 즉,
'미국판 런던 로이드Lloyd 보험사'였다.

AIG는 보험분야에서 세계적으로 강력한 입지를 가지고 있었고,
CEO 행크 그린버그 덕분에 로이드보다 훨씬 더 효율적인 운영을 하
고 있었다. 하지만 그들은 필자가 제시한 전략에 대해 들으려고 하지
않았다. AIG는 재무 서비스뿐만 아니라 '모든 것'을 하는 기업이 되려
했다. 그들은 모두에게 모든 것을 제공하는 기업을 표방하고자 했다.
이제 우리는 그러한 생각이 어떤 비극을 초래했는지 알고 있다. 기
업이 바라보아서는 안 될 방향으로 변화를 추구했던 사례다. AIG는
원래의 자리를 지켰어야 했다. 다음 장에서 더 논의하도록 하겠다.

CEO가 정신을 차리다

바람직한 기업 변화 사례를 소개하는 것으로 5장을 마무리하고자 한다. 앞서 등장했던 펩시를 다시 한 번 만나보자.

1960년대 후반과 1970년대 초반, 펩시는 소득세 절감을 목적으로 청량음료와 스낵사업에서 벌어들인 돈을 리스기업에 대대적으로 투자했다. 리스한 많은 자산의 감가상각으로 인해 기업은 세금을 줄일 수 있기 때문이다. 이는 거대 기업들이 쉽게 빠질 수 있는 유혹이기도 하다.

펩시는 챈들러 Chandler라는 메사추세츠의 리스회사를 포함해 다수의 리스회사를 인수했다. 챈들러는 컴퓨터장비 전문 리스회사였는데, 다른 종류의 자산에 대한 리스도 승인받은 상태였다. 챈들러의 사장이 항공기를 좋아했기 때문에 이 회사는 항공기 리스사업 부문을 만들었다. 펩시와 펩시 거래 은행에서 지원을 받아 챈들러는 소형 항공기부터 시작해 기업 업무용 비행기 그리고 점보 제트기 리스사업에까지 뛰어들었다.

이러던 차에 펩시의 CEO인 돈 켄달Don Kendall은 연말보고회에 참석하게 되었다. 그곳에 참석했던 사람들의 증언에 따르면, 돈 켄달은 보고회 시작 부분에서는 반쯤 졸고 있었다. 그가 깜짝 놀라 정신이 버쩍 든 것은, 자신의 회사가 소유한 비행기 숫자와 수백만 달러에 달하는 은행 빚을 본 다음이었다.

항공기 관련 자산이 향후 청량음료사업에 얼마나 큰 위협이 될 것인지를 깨닫고는, 정신이 번쩍 든 것이다. 더구나 경기가 악화될 경우 막대한 액수의 빚으로 기업이 곤란한 상황에 처할 수도 있다. 당시 챈들러가 가진 부채 규모라면 회사 전체를 넘어뜨릴 수도 있을 정도였다. 돈 캔달은 기업 전략을 바꾸어 항공기 리스기업을 없애기로 결정했다. 펩시는 다시 청량음료와 스낵사업으로 돌아갔다. CEO 돈 켄달에게 좋은 선택이었다고 전하고 싶다.

맹목적 성장을 경계해야 할 때

모든 브랜드와 기업이 진화해야 할까? 그렇지 않다. '성장을 위한 성장'은 스스로에게 덫이 될 수 있다. 경쟁자와 보조를 맞추기 위한 진화는 잘못된 것이다. 어린 시절 어머니에게 "엄마, 다른 친구들도 다 하는 일이에요. 저도 하고 싶어요."라고 말했을 때, 어머니가 뭐라고 하셨는지 기억해보라. '최신'을 맹목적으로 지향하다가 현재의 사업을 망가뜨릴 수 있다. 기업이 하지 말아야 할 일 중에서도 최악의 선택은, 스스로의 정체성을 모호하게 만드는 것이다. 그것은 스스로 경쟁자들에게 기회를 허락하는 것과 같다.

1920년대부터 현재까지 한결 같은 햄버거 전문점 화이트 캐슬 White Castle을 생각해 보라. 다른 체인점들이 그릴드 치킨과 베이크 포테이토, 요거트 파르페 등 다양한 메뉴로 뛰어드는 동안 화이트 개슬은 햄버거를 고집해 성공을 거머쥐었다.

화이트 캐슬은 건물에 변화를 준 적도 없고, 버거와 감자튀김에 최소한의 추가메뉴를 만들었을 뿐이었다. 그래서 화이트 캐슬은 맥도날드와 경쟁하면서도 그 분야에서 최고의 단위매출을 올릴 수 있었다. 상장기업이 아니기 때문에 골치 아프게 주식시세에 신경 쓸 필요가 없다는 것도 그 비결이라 할 수 있다.

성장의 덫

월스트리트 종사자들은 때로 돌이킬 수 없는 나쁜 상황을 만들어내는 것 같다. 어떤 면에서 그들은 '문제'를 키우는 온실을 만들어 놓는 것 같다. 여기서 문제란 '성장'이다. 그들이 부추기는 성장은 변화에 대처하기 위한 진화가 아니라 주식시세에 초점을 둔 성장이다.

저명한 경제학자 밀턴 프리드만 Milton Friedman은 그 같은 현상을 다음과 같이 완벽하게 규명하고 있다. "기업이 성장해야 할 필요가 절실한 것이 아니다. 기업을 성장시키고자 하는 욕구가 절실한 것이다."

성장에 대한 욕구 때문에 많은 기업들이 잘못된 방향으로 가게 된다. 성장은 일을 올바르게 처리하는 과정의 부산물이다. 그러나 성장 자체가 가치 있는 목표는 아니다. 실제로 성장은 불가능한 목표 수립의 주범이다. CEO들은 자신의 재직기간을 보장받고, 보수를 늘

리기 위해 성장을 추구한다. 월스트리트의 브로커들도 자신들의 명성을 다지고 보수를 늘리기 위해 성장을 추구한다.

하지만 성장이란 것이 항상 기업을 위해 필요할까? 실제로는 그렇지 않다. 불필요한 성장을 강행하는 것은 브랜드에 저지르는 범죄다. 다음의 이야기는 성장에 대한 욕구가 어떻게 악의 근원이 될 수 있는지 보여주고 있다.

필자는 한 거대 멀티브랜드 제약회사로부터 사업계획 평가 요청을 받은 적이 있다. 브랜드 매니저들은 다음 해의 계획에 대해 발표했다. 발표 중 한 젊은 간부는 과열된 새로운 경쟁이 필연적으로 시장의 판도를 불리하게 바꿔놓을 것이라 경고했다. 그런데 정작 판매계획을 발표하면서는 15% 판매량 증가를 예측하는 게 아닌가. 필자는 과열된 경쟁하에서 어떻게 판매량 증가가 가능한지 물었다.

자신의 부서에서는 단기적인 대응책으로 라인 확장을 계획하고 있다는 게 그의 대답이었다. "장기적으로는 그것이 브랜드를 해치는 일이 되지 않겠는가?"라고 묻자 그도 "그렇다"라고 답했다. 그럼에도 라인 확장을 단행하는 것은, 그의 상사가 성장을 요구하기 때문이었다. 그래서 필자는 그 상사와 문제에 대해 논의했다. 일주일 뒤 그 상사가 말하기를, 자신은 문제점은 인정하지만 주식시세 때문에 성장은 여전히 필요하다고 했다.

15%의 망상

「포천Fortune」지 편집장인 캐롤 루미스 Carol Loomis 는 성장에 대한 주목할 만한 논설을 썼다. 논설에서 그는 다음과 같은 것을 겨냥해 문제를 제기했다. '빗맞은 목표, 박살난 주식, 회계장부 조작을 초래할 뿐인 성장에 대한 경솔한 예측.' 그는 오늘날 무엇이 인정받는 경영자의 행동이 되었는가에 관해, 다음과 같이 자세히 설명했다.

적정 규모의 기업에 제시된 모든 목표 중에서 가장 일반적인 것은 주당순이익의 연 15% 증대다. 이것은 올스타 팀을 만드는 것만큼이나 어려운 일이다. 한 기업이 매년 15%를 성장한다면 그 기업은 5년만에 수익을 약 2배로 만들 수 있다. 그렇게 되면 그 회사는 주식시장에서 확실히 스타가 될 것이고, CEO는 온갖 찬사를 한 몸에 받게 될 것이다.

이러한 세태의 원인은 간단하다. 성장은 월스트리트의 관심을 끌기 위한 예측이다. 이것은 월스트리트와 경영진이 달콤하지만 영양가 없는 밀어를 속삭이면서 나누는 사랑의 춤과 같다. 경영진은 최고의 애널리스트들이 자기 회사에 관심을 보이고 고객들에게 자사 주식을 추천하기를 바란다. 월스트리트의 애널리스트들은 자신이 유능한 인력으로 보이게 만들어 주고, 투자금을 끌어모을 수 있게 해 주는 기업을 선호한다. 기업 성장을 둘러싸고 망상에 불과한 현실감 없는 이야기들이 난무하는 게 현실이다.

15%의 실상

루미스가 그녀의 논설에서 지적한 것과 같이, 극소수의 회사만이 한 해에 15% 또는 그 이상의 성장을 할 수 있다는 것을 입증한 연구결과가 있다. 「포천*Fortune*」 지는 150개 기업을 대상으로 40년간의 변화를 세 번의 기간(1960~1980, 1970~1990, 1989~1999)으로 나누어 관찰하였다.

각 기간에서 단 서너 개의 기업만이 15% 또는 그 이상의 수익성장을 이루었다. 20~30개 기업은 10~15%, 40~60개 기업은 5~10%, 20~30개 기업은 0~5%, 그리고 20~30개 기업은 마이너스 성장을 기록했다. 크게 성공한 기업만큼이나 크게 실패한 기업들도 많았다.

지난 40년간 전체 기업을 살펴보면 세후 이익으로 봤을 때 연 8% 가량의 성장을 거둔 것으로 보인다. 15% 성장을 하는 회사라면 일반기업 성장률의 두 배를 달성하였다는 의미다. 이러한 현실이라면, 기업이 성장률을 높이기 위해 해서는 안 될 방법을 동원했다는 것도 놀라운 일이 아닐 것이다.

스톡옵션의 덫

기업의 성장지향에 월스트리트가 남몰래 영향을 미치는 것은 스톡옵션을 통해서다. 부장급이나 중간급 임원들이 스톡옵션에 관심을 두게 되면, 그들은 다음 분기를 걱정할 수밖에 없다. 그들은 스톡옵션 전망을 좋게 만들기 위해 편법을 쓰기도 한다. 궁극적으로 회사에게는 도움이 되지만 단기적으로는 수익을 줄일 수 있는 장기적 의사결정은 피한다. 기업의 수익 예측치가 단돈 몇 푼만 틀려도 월스트리트는 주가를 20% 낮출 것이다. 그렇게 되면 스톡옵션은 가치가 떨어지고 많은 직원들은 울상을 짓게 된다.

피자사업을 하는 한 기업가의 이야기가 '단기적 사고 vs 장기적 사고'의 예를 보여주는 것 같아 소개한다. 그 회사의 직원 중 하나가 가루 반죽 공정을 혁신적으로 개선할 수 있는 새로운 제분 시스템을 접하게 되었다. 관련 업무 책임자는 기업주 입장에서 볼 때 당연히 투자해야 할 일에 신속히 돈을 쓰지 않고 꾸물거렸다. 일이 지연된 이유는 그에 대한 비용이 분기별 수익 추정치에 영향을 줄 것이기 때문이었다. 해당 기업의 대표는 이렇게 말했다. "나의 직원들은 '품질향상'이라 불리는 친구로부터 돈을 갈취해 '월스트리트'라는 친구에게 바치고 있었다." 말할 필요도 없이 이제 그는 직원들에게 스톡옵션을 주는 방법에서 벗어나려 애쓰고 있다.

자존심의 덫

CEO들은 과감하지만 사실상 비현실적인 목표를 세울 때가 있다. 그것을 달성하지 못했을 때 나타나는 현상들 중 하나가 있다. 주식이 타격을 받으면 자존심도 동시에 타격을 받는다는 것이다. 곳곳에서 보도되는 모든 경제뉴스, 월스트리트의 주식평가절하는 CEO를 악평에 시달리게 한다. 갑자기 모든 사람들이 이 CEO가 어떻게해서 그토록 저조한 실적을 나타냈는지에 대한 이야기를 쓰고 있는 것이다.

어느날 칼리 피오리나Carly Fiorina는 휴렛 팩커드의 영웅이 되었다. 그러나 바로 다음날 사람들은 그녀의 과대망상적 목표와, 그녀가 어떻게 월스트리트의 신뢰를 잃게 되었는지 쓰고 있었다. CEO가 낯이 두꺼운 강심장이라면 큰 문제가 되지 않을지도 모른다. 그러나 누가 그런 기사를 읽는지 생각해 보라. 이사회와 직원들이다. 그런 종류의 공개적 타격을 당한다는 것은 CEO의 명성을 추락시키는 일이다. 그러한 이유로 CEO는 조심스러워지기 마련이지만, 그것이 초래하는 결과는 부정적일 수가 있다.

어떤 장군이 군사작전 도중에 공개적인 비판을 받기 시작한다면 어떤 느낌일지 상상해 보라. 비판이 군사들의 사기를 증진시킬 리는 만무하다. 결국 적에게 큰 도움을 주는 셈이 될 것이다. 이제 월스트리트에 대해서는 더 이야기할 필요가 없을 것 같다.

— '최신'의 덫

기업이 취할 수 있는 탁월한 진화전략들 중 하나는, 하나의 범주에서 가장 최신 또는 차세대의 제품을 출시하는 것이다. 아이팟 iPod의 디지털 음악전략은 시장에서 워크맨 Walkman을 쓸어내어 소니 sony를 당황하게 만들었다. 그것은 진정한 차세대 포터블 플레이어였다.

그러나 최신이라고 해서 늘 효과를 발휘하는 것은 아니다. 거기에는 어떤 대가를 지불하고서라도 반드시 피해야 하는 함정이 있다. 함정을 피하지 못하면 심각한 문제에 부딪힌다. 피해야 할 사항을 제시한다.

- **존재하지 않는 문제를 해결하려고 하지 마라**　　차세대 제품에서는 정말 중요하다고 생각하는 문제를 해결해야 한다. 다우 케미칼 Dow Chemical 은 다우덤 Dowtherm 209를 출시했다. 이 새로운 부동 냉각수는 '크랭크실에 스며들어도 문제를 일으키지 않는 제품'이라는 게 초점이었다. 그리고 이 냉각수는 기존 제품보다 두 배가 비쌌다. 문제는 냉각수가 엔진 속으로 스며드는 일이 거의 일어나지 않는다는 점이다. 소비자가 왜 일어나지도 않는 문제를 해결하기 위해 두 배의 가격을 지불해야 하겠는가? 대부분의 소비자들이 신제품을 외면한 것은 당연한 일이었다.

- **전통은 함부로 건드리지 마라**　　실제로는 문제점이면서도, 많은 사람들이 해결되기를 바라지는 않는 것도 있다. 사람들은 때로는 전통적인 것을 좋아한다. 미국에서는 야구장에서 껍질이 있는 땅콩을 먹는 것만큼 오래된 관행도 없다. 게

임이 끝날 즈음 관중의 발목까지 껍질이 차오르는 건 예사다. 껍질의 지저분함을 피하기 위해서 해리 스티븐스Harry M. Stevens는 껍질을 벗긴 땅콩 제품을 셀로판 포장에 넣어 출시했다. 사람들은 격분했다. 판매는 급락했고 고객불만이 급증했다. 결국 껍질있는 땅콩을 다시 판매하기 시작했다.

- **반드시 '더 좋은 것'이어야 한다**　만일 지금 쓰고 있는 제품보다 더 좋지 않다면 고객이 다른 제품을 선택할 이유가 있을까? 미국 조폐국은 1달러 지폐 대신 '수잔 안토니Susan B. Antony 1달러 동전'을 선보였다. 조폐국에게 그것은 제조비용을 연간 5천만 달러를 절감할 수 있기 때문에 큰 향상이었다. 그러나 대중이 느끼기에는 동전이 지폐보다 나은 이유가 없었다. 게다가 25센트짜리 동전과 비슷해 혼동을 유발했고, 심지어 많은 사람들은 1달러 동전이 예쁘지 않다고 생각했다.

초점을 잃은 진화는 곤란하다

브랜드 진화는 기업의 정체성을 모호하게 만들 위험이 있다. 때문에 진화는 잠시도 방심할 수 없는 일련의 작업이다. 과거 대부분의 빅 브랜드들은 고객들에게 확실히 인지되었다. 마음은 카메라와 같아서 선호하는 브랜드가 무엇에 관한 것인지에 대한 매우 선명한 사진을 가지고 있다.

앤호이저 부시Anheuser Busch가 자랑스럽게 "이 버드 맥주는 당신을 위한 것입니다." 라고 선언하였을 때, 고객들은 무엇이 제공될 것인지를 정확히 알았다. 밀러 하이 라이프Miller High Life , 쿠어스Coors 맥주도 마찬가지였다. 그러나 지난 10년 동안 버드와이저Budweiser 는 레귤러regulars, 라이트light, 드래프트drafts, 클리어clear, 콜드-브류 cold-brewed, 드라이-브류dry-brewed, 아이스-브류ice-brewed 등의 다양한 맥주들을 쏟아냈다.

"이 버드 맥주는 당신을 위한 것입니다."라는 말은 이제 단지 "당신은 이 많은 종류의 버드 중 어느 것을 마음에 두고 있습니까?"라는 질문으로 머리를 복잡하게 만들 뿐이다. 버드 맥주에 대한 분명한 인식은 지금 심각하게 초점을 잃고 있다. '맥주의 왕'이 그의 추종자를 잃어버리기 시작했다는 것은 의심의 여지가 없어 보인다.

고객마인드로 관점을 옮겨라

진화에 대한 시각 차이는 근본적으로 관점 차이다. 기업은 자신의 브랜드를 경제적 관점으로 바라본다. 비용의 효율성 증대와 거래처 확대를 위해, 한 가지 제품이나 아이디어를 대표하는 포커스 브랜드를 여러 개의 아이디어를 대표하는 비(非)포커스 브랜드로 손쉽게 바꾸려 한다.

그러나 필자는 고객 마인드 관점에서 라인 확장의 문제를 본다. 기업이 브랜드에 더 많은 인식 대상을 추가할수록 고객의 마인드는 점점 더 초점을 잃게 된다. 이런식으로 가다가 언젠가는 시보레 Chevrolet 처럼, 브랜드는 아무것도 아닌 브랜드가 되고 말 것이다. 화장지업계의 선두 브랜드 스캇 Scott은 스카티 Scotties, 스카킨 Scottkins, 스캇 타월 Scott Towels로 라인을 확장했다. 곧바로 '스캇'은 소비자들의 마음 속에서 설 자리를 잃었다.

선택과 집중에 능한 경쟁사를 경계하라

만일 차민Charmin 티슈 등 경쟁제품들이 나타나지 않았더라면 스캇은 별 문제가 없었을 것이다. 초첨을 많이 잃으면 잃을수록 경쟁사의 공격에 취약해진다. 차민이 1위 티슈 브랜드가 되기까지 그리 오랜 시간이 걸리지 않았다. 시장에서 볼 수 있는 전례들은 선택과 집중에 관한 주장을 더욱 강하게 뒷받침하는 것 같다.

몇 년 동안, 프록터 앤 갬블Proctor & Gamble의 '크리스코Crisco'는 시장을 선도하는 쇼트닝 브랜드였다. 그런데 전세계적으로 식물성 오일을 선호하는 분위기가 되자 프록터 앤 갬블도 크리스코 오일Crisco Oil을 개발했다. 결국 누가 이 옥수수 오일 전쟁에서 승자가 되었을까? 그렇다. 프록터 앤 갬블이 아니라 마졸라Mazola였다.

그 다음 소비자 선호의 대세는 콜레스테롤 없는 옥수수 오일 마가린이었다. 그래서 마졸라는 옥수수 오일 마가린을 출시했다. 그럼 이번에는 누가 옥수수 오일 마가린 분야에서 승리자가 되었을까? 그렇다. 이번에도 마졸라가 아닌 플레이시만Fleischmann's이었다. 각각의 경우 모두에서 선택과 집중을 했던 기업이 승리자였다.

전문브랜드의 강점

전문브랜드가 소비자의 인식에 그토록 강한 인상을 주는 까닭은 무엇일까?

첫째, 전문브랜드는 오직 한 제품, 한 가지 혜택, 한 가지 메시지에 집중할 수 있다. 마케팅 담당자는 이러한 집중을 통해 소비자의 마음을 꿰뚫어 볼 수 있다. 예를 들어, 도미노 피자는 배달판매에 집중할 수 있다. 반면 피자헛은 배달판매와 매장판매 둘 다를 가지고 마케팅해야 한다.

듀라셀Duracell은 오래가는 알칼리 건전지에 집중할 수 있었다. 에버레디Eveready는 손전등용, 해비듀티용, 충전용, 알칼리 건전지 모두에 신경써야 했다. 이후 에버레디가 에너자이저Energizer 하나에 집중하는 선택을 했는데, 단연 현명한 처사였다.

캐스트롤Castrol은 고성능 소형 엔신을 위한 엔진오일에 집중할 수 있다. 펜조일Pennzoil과 퀘이커 스테이트Quaker State는 모든 종류의 엔진을 위한 엔진오일을 판매하고 있는데 말이다.

전문브랜드의 또 다른 무기는 소비자들이 그것을 '최고'라고 인식한다는 점이다. 필라델피아는 최고의 크림 치즈, 타이틀리스트Titleist

는 최고의 골프공으로 인식되어 있는 전문브랜드다.

마지막으로 전문브랜드는 각 제품의 대명사 또는 해당 카테고리의 대표가 될 수 있다. 제록스는 복사를 칭하는 단어가 되었다. 페더럴 익스프레스Federal Express는 익일 배송의 대명사가 되었다. 3M사의 스카치 테이프도 셀로판 테이프의 대표가 되었다.

브랜드명을 제품의 대명사로 만드는 것이야말로 마케팅 전쟁에서는 최상의 무기이다. 그러나 이것은 오직 전문브랜드에게만 가능한 일이다. 이것 저것 만능인 브랜드는 특정 제품의 대명사가 될 수 없다.

아무도 "GE에서 맥주를 꺼내주세요"라고 말하지는 않는다.

어떤 기업은 다른 경쟁자의 방식에 자신을 끼워 맞춰 진화를 모색하려 한다. 그러나 이것도 문제가 될 수 있다. 다음 사례를 살펴보도록 하자.

남이 하니까 나도 한다?

허스트 매거진Hearst Magazines은 고전을 면치 못하는 타 경쟁사와 다르게 승승장구하는 비상장기업이다. 이 기업의 성공은 모든 사람이 하고 있는 것이 아니라 아무도 하지 않고 있는 것에 바탕을 두고 있다.

2008년에 그들의 새로운 잡지 「푸드 네트워크*Food Network*」는 30

만 부의 유료 발행부수를 기록했다. 2009년 말까지 발행부수는 110만 부를 넘어섰다.

「뉴욕 타임즈」 보도에 따르면, 허스트 코포레이션Hearst Corporation의 자회사 허스트 매거진Hearst Magazine은 동종 업계 다른 기업들이 돈을 마구 쓸 때 엄격한 비용통제를 했고, 모두가 웹사이트를 구축할 때 부화뇌동하지 않았으며, 최근에는 가격인상, 잡지 판형확대 등 동종 업계 추세와는 다른 정책을 펼쳐왔다. 상장회사가 아니기 때문에 구체적 재무정보는 알 수 없지만, 여러 정황을 살펴보면 업계의 관행을 맹목적으로 따르지 않는 회사의 정책이 효과적인 것 같다. 비상장 기업 허스트에는, 재무정보를 보고하지 않고 남들이 따르는 관행에 맞서고자 하는 의지를 지닌 것이 효과를 발휘한 것 같다.

그간 잡지사들의 관행에 많은 변화가 있었지만 허스트는 현재까지 대부분을 오프라인으로 출판해 오고 있다. 심지어 그들의 인터넷 사이트도 독자들로 하여금 출판물의 오프라인 구독을 유도하고 있다. 2008년에는 신규 구독의 4분의 1 이상이 인터넷 사이트를 통해 판매되었고, 2009년에는 3분의 1에 다다랐다. 전통적 관행과는 노선을 달리한 허스트 매거진의 사장 캐시 블랙Cathy Black은 자신의 기업전략이 옳다는 것을 확신하고 있다.

"나는 매월 160만의 여성이 신문 판매대로 가서 「코스모Cosmo」를 사기를 원하고 실제 그들은 그렇게 하고 있다. 우리는 이런 단순하지만 명확한 마법을 버리고 싶지 않다. 이 기본적인 수익모델을 훼손하고 싶지 않은 것이다."

미시시피대학의 언론학과장이자 MrMagazine.com의 편집장 사미르 후스니Samir Husni는 다음과 같이 말한다. "나는 경쟁사들이 모두 다른 방향으로 갈 때 한 길을 고수하는 허스트를 대단히 높이 평가한다. 허스트는 이 어려운 시기를 잘 헤쳐나가고 있으며, 「푸드 네트워크Food Network」는 2009년의 가장 큰 성공 스토리이다."

밀리킨Miliken이나 고어텍스Gore-Tex 같은 매우 성공적인 개인 기업이 왜 언론에 거의 등장하지 않을까? 그 이유는 아무도 그들의 분기별 실적을 주시하지 않기 때문이다. 그들이 걱정해야 하는 것은 오직 그들의 사업이다. 그들은 자기 사업이 만족스러우면 그것으로 족할 따름이다. 이 대목에서 생각나는 일화가 있다. 필자는 이 이야기에 관해 다른 저서에서 언급한 적이 있지만 다시 거론하지 않을 수 없다. 그만큼 고전이라 불러도 좋을 만큼 재미있는 일화다.

어부와 애널리스트

미국의 한 애널리스트가 코스타리카의 한 작은 해안 마을 부두에 있을 때였다. 부두에 어부 한 사람이 탄 조그만 보트가 정박해 있었다. 그 조그만 보트 안에는 몇 마리의 황다랑어가 들어 있었다. 그 미국인은 코스타리카 어부에게 고기가 좋아 보인다고 칭찬하면서

황다랑어들을 잡는 데 시간이 얼마나 걸렸냐고 물었다.

그 어부는 "조금 걸렸습니다"라고 대답했다. 그러자 그 미국인은 왜 좀 더 오래 머물면서 더 많은 고기를 잡지 않았느냐 물었다. 그 어부는 자기 가족이 먹을 만큼으로는 충분하다고 말했다.

그 미국인은 "그러면 이제 나머지 시간에는 무엇을 하시오?" 하고 물었다.

그 어부는 이렇게 말했다. "늦게까지 자고 고기는 조금만 잡고 아이들과 놀아주고 부인과 낮잠을 즐기고 매일 저녁 마을을 산책합니다. 거기서 포도주를 마시고 친구들과 기타를 칩니다. 저는 이렇게 다채로운 삶을 살고 있지요."

그 미국인은 코웃음을 쳤다. "나는 월스트리트의 중역인데 당신을 도울 수 있소. 당신은 고기잡이에 더 많은 시간을 보내야 하고, 더 큰 보트와 인터넷 웹사이트를 장만하는 게 좋겠소. 그렇게 해서 돈을 벌면 여러 척의 새 보트를 살 수 있을 것이고, 언젠가는 고기잡이 보트 선단을 가지게 될 것이오. 잡은 고기를 중간상인에게 파는 대신, 가공업자에게 직접 팔게 될 것이고, 나중에는 당신 소유의 통조림 제조 공장을 열 수도 있을 것이오. 직접 생산, 가공, 유통을 담당하는 거요. 이 조그만 어촌 마을을 떠나서 코스타리카의 산 호세로 이사한 다음 로스앤젤레스로, 마지막에는 뉴욕으로 이사하는 게 좋겠고, 제3업체를 통해 당신 기업을 수직적 계열화로 확장시키는 것도 필요하겠소."

그 어부는 물었다. "그렇게 하려면 얼마나 걸릴까요?"

그 미국인은 "15년에서 20년쯤?" 하고 대답했다.

"그리고 나서는 뭘 하지요?" 어부가 물었다.

그 미국인은 웃으면서 말했다. "그 부분이 하이라이트요. 적당한 때가 오면, 당신은 주식시장에 기업공개를 할 것이고 회사 주식을 매각해 엄청난 부자가 될 것이오. 당신은 백만장자가 될 것이오."

"백만장자요? 그리고 나서는 무얼 하지요?" 어부가 다시 물었다.

그 미국인은 말했다. "그러면 은퇴하고 작은 해변의 어촌으로 이사하지요. 그러면 늦잠을 잘 수 있고, 고기는 조금만 잡고, 당신의 아이들과 놀고 아내와 같이 낮잠을 즐길 수 있고, 저녁에는 마을을 산책하고, 와인을 마실 수 있고, 친구들과 함께 기타를 칠 수 있소."

제3부 위기

> 위기상황에서는 이것저것 살펴볼 시간이 없다. 죽을지도 모른다는 자각이 재빨리 상황에 집중하도록 만든다.
>
> —리 아이아코카Lee Iacocca—

위기에 대한 과거의 좋은 사례만큼 흥미로운, 그리고 매우 유익한 교훈도 없을 것이다. 필자는 거시적 유형과 미시적 유형의 두 가지 위기를 제시하고자 한다. 거시적macro 유형의 위기는 예컨대 전 세계에 걸친 금융위기와 같은 것이다. 이러한 위기는 자동차산업, 금융산업에서부터 소매업에 이르기까지, 거의 모든 산업 전반을 쓸어버린다고 해도 지나친 말이 아니다. 이런 끔찍한 환경에서 기업은 어떻게 대처해야 할까?

미시적micro 유형의 위기는 AIG, GM 등 위기에 처한 각 기업의 생존과 직접적으로 상관 있는 문제다. 어떤 종류의 위기에 직면했든 기업이 위기를 만났다면, 안전벨트를 매고 흔들리지 않도록 단단히 붙들어야 할 일이다.

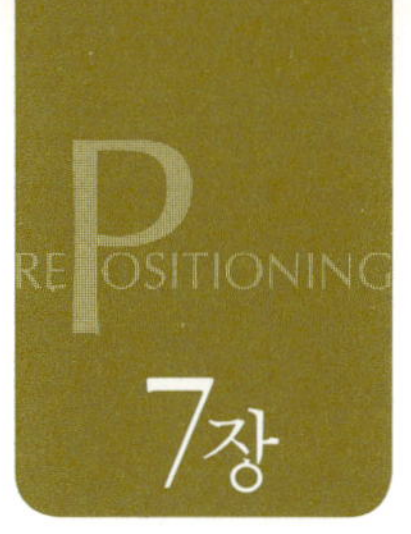

7장

위기는 게임의 방식을 바꾸어 놓는다

여러 가지 측면에서 우리는 앞날을 도무지 예측할 수 없는 '상상 이상의 시대'에 살고 있다. 시대를 반영하는 그러한 표현은 조슈아 쿠퍼 레이모Joshua Cooper Ramo의 저서 제목이 되었다. 독자들에게 추천하고 싶은 그의 책 부제목은, 마케터들이 직면한 현실을 적절한 언어로 제시해주고 있다.

새로운 시대가 주는 혼란은 왜 늘 우리를 놀라게 만드는가. 그리고 우리는 무엇을 할 수 있는가. Why the new world disorder constantly surprises us and what we can do about it.

세상은 우리가 불확실성의 시대, 위기의 시대에 살고 있다는 것을 끊임없이 일깨우고 있다. 그리고 그러한 위기는 거시적 위기와 미시적 위기의 두 가지 형식으로 발생한다.

거시적 위기는 전 세계에 걸친 금융위기처럼 결국 각 개인에게까지 영향을 미치게 되는 광범위한 위기유형이다. 두 번째 유형인 미시적 위기는 GM 또는 AIG와 같은 개별 기업 전체를 위협하는 위기를 말한다. 두 가지 유형 중 어떠한 위기이든, 기업 입장에서는 어느 날 아침에 일어나 보니 힘들어진 세상을 만나게 되기는 마찬가지다.

─── 장기계획의 종말

필자는 어느 날 갑자기 장기 경영계획이라는 개념이 사라져가기 시작했다는 사실을 깨달았다. 이제는 장기 경영계획은 다수로부터 환영받지 못하고 있다. 말콤 포브스Malcolm Forbes는 이렇게 말했다. "정확한 사실에 근거해 사업을 계획해야 한다고 믿는 기업가라면, 앞으로 아무짝에도 쓸모없어질 게 뻔한 5개년 경영계획 따위는 주목하지 않을 것이다."

경쟁자의 미래 계획까지 모두 고려해 만든 계획이 아니라면, 장기 전략계획은 무의미하다. 그럼에도 여전히 적지 않은 CEO들은 기업의 미션을 성취하기 위해서는 복잡한 장기계획이 필수불가결이라 생각하고 있다.

분노에 찬 셰익스피어가 CEO가 되어 돌아 온다면, 맞지도 않는 장기 경영계획을 세운 기업의 변호사와 장기계획 담당자를 제거하고 싶은 충동을 느낄지도 모르겠다. 아마 아직도 그의 제거대상이 수두룩하게 남아 있을 것이다. 제록스가 사무자동화분야의 강자가 될 수 있었던 것은 결코 훌륭한 장기계획 때문이 아니었다. 30년 동안 30퍼센트가 넘는 시장점유율을 빼앗기는 GM의 비극 역시 장기계획이 있다고 해서 막을 수 있었던 것은 아니었다.

장기계획의 출발점

장기계획이 등장한 것은 GE가 전략적 기획strategic planning분야에서 선구자로 대두된 1960년대 초반이었다. GE는 미래를 설계하기 위한 거대하고 중앙집권화된 계획 업무 스탭진을 구성했다. 그들은 전략사업단위로 제품을 조망하면서 그 각각에서의 경쟁자를 규정하고, GE의 포지셔닝을 도출하였는데, 이는 맥킨지McKinsey & Co.의 컨설팅을 통해서였다.

그러나 장기계획 도입이 본격적으로 가속화된 것은 1963년이었다. 설립자 브루스 헨더슨Bruce D. Henderson의 경영하에 있던 보스턴 컨설팅 그룹Boston Consulting Group이, 바로 그 시기에 각 기업의 상황에 맞게 다양한 전략을 제공하는 최초의 기업이 되었다. BCG는 '경험곡선experience curve', '성장-점유율 매트릭스growth and market-share matrix' 등 일련의 개념들을 제시함으로써 미국의 기업사회에 일대 폭풍을

몰고왔다.

오늘날 장기 경영전략을 논한다는 것은 전략적 의도strategy intent, 여백의 기회white-space opportunity, 공진화coevolution 등의 개념을 포괄하고 있을 것이다.

'공진화'의 개념이 생소한 독자들을 위해 설명하자면, 그것은 기업들이 혁신의 다음 장을 마련하기 위해 서로 경쟁하면서도 협력할 수밖에 없는 기업생태계business ecosystem에 관한 이야기이다. 「경쟁의 종말The Death of Competition」을 보면 그러한 내용이 상세히 담겨 있다. 그러나 필자는 한 가지 의문을 제기한다. 정말 경쟁이 사라졌다면, 지금도 우리의 사업영역을 침범하고 있는 이들은 대체 누구란 말인가?

빗나간 예언들

모든 장기계획이 지닐 수밖에 없는 치명적인 단점은 '미래를 예측할 수 없다'는 것이다. 당시에는 그럴듯 해 보였던 예측이 현실화되지 않았던 수많은 사례가 있다. 빗나간 예언의 주인공들을 만나보자.

- "비행기는 매력적인 운송수단이지만, 군사적으로는 가치가 없다."
  – 마셜 페르디낭 포슈Marshall Ferdinand Foch, 프랑스 군사전략전문가, 1911.–
- "말은 운송수단으로 계속될 것이지만, 자동차는 한때 유행하고 사라질 신기한
  장난감일 뿐이다."

- 미시간 저축은행장이 헨리 포드Henry Ford의 변호사에게 포드 자동차에 투자
  하지 말 것을 조언하며, 1903.-

• "우리 회사가 그깟 전기 장난감을 가지고 뭘 하지?"

  - 윌리엄 오턴Willam Orton, 웨스턴 유니온western Union 회장이, 고전을 면치 못하고
  있는 자신의 전화회를 10만 달러에 인수하라는 알렉산더 그레이엄 벨Alexander
  Graham Bel의 제의를 거절하며.-

• "누가 배우들 목소리까지 듣고 싶어 하겠는가?"

  - 해리 워너Harry Warner, 워너 브라더스Warner brothers 설립자, 1927.-

• "그들의 음악은 별로다. 기타치고 노래 부르는 그룹은 이제 한물 가지 않았던가."

  - 데카 레코드Decca Record 측에서 비틀즈의 음반제작을 거절하며, 1962.-

• "가정에 개인용 컴퓨터를 들여놓을 사람은 아무도 없을 것이다."

  - 케네스 올슨 Kenneth Olsen, 디지털 이큅먼트Digital Equipment 회장, 1977.-

기업이 미래를 예측할 수 없고, 따라서 장기계획을 세울 수 없다면
과연 무엇을 할 수 있을까? '유연함을 가지고 기회를 잡는 것'이다.

핵에너지사업 위기가 준 교훈

미국 시장 전체에 영향을 미친 거시적 수준의 위기에 대한 사례로,
우리가 현재 이용하고 있는 주요 에너지원들 가운데 하나인 핵에너

지사업의 예를 생각해 보자.

이야기는 1960년대로 거슬러 올라간다. 제너럴 일렉트릭General Electric은 시카고 인근 드레스덴Dresden에 최초의 핵발전소를 건립했다. 당시 사람들은 드레스덴이, 발전소의 세대교체가 이루어져 엄청난 사업으로 떠오를 핵발전소의 효시가 될 것이라 믿었다. 이러한 기대에 발맞추기 위해 GE는 '시민 아톰Citizen Atom'이라는 교육 프로그램을 만들어, 미래에 핵에너지가 가능케 할 놀라운 발전에 대해 홍보하고 나섰다.

그러나 펜실베이니아주 '쓰리 마일 아일랜드Three Mile Island'와 구소련 '체르노빌'에서 원전사고가 발생하는 위기가 닥쳐왔다. 어느 날 급작스럽게 벌어진 사고로 사람들은 핵에너지를 무서워하게 되었다. 심지어 어떤 이들은 금세라도 핵발전소가 폭발할지 모른다는 공포감에 휩싸였다. 핵발전소에 드는 만만치 않은 비용을 생각할 때, 그런 위험을 무릅쓸 이유는 없었다. 시장은 급격히 냉각되기에 이르렀다. 그것은 위기로서의 특성을 모두 갖춘 위기, 말 그대로 '위기'였다.

기회를 잡아라

그러나 위의 이야기는 그 시대의 이야기일 뿐이다. 오늘날에는 탄화수소를 기반으로 하지 않는 대체 에너지에 대한 거론이 활발하다. 국제 정세 변화, 국제 유가 등 다양한 요인들이 원자력의 재등장을 불러왔다. 이제는 핵에너지를 미래의 대안 에너지로 리포지셔닝할 기회를 공격적으로 잡아야 할 때가 된 것이다. 우선 기업 차원에서 추진할지 혹은 산업 차원에서 할지 결정하는 것이 출발점이다. 충분한 규모와 영향력으로 뒷받침하려면, 산업 차원의 계획이어야 한다는 것이 필자의 관점이다.

이 일에는 고객들의 인식을 바꾸는 일도 필요하지만, 정부와의 협력이 성공의 관건이 될 것이다. 사업 차원의 프로그램은 항상 초기 활성화 작업이 어렵기 때문에 정부의 협력을 얻는 것에서 출발해야 한다. 그러나 그러한 협력이 이루어진다고 해도, 정작 중요한 문제는 여전히 남는다. 핵발전소가 여전히 위험할 수 있다는 사람들의 공포를 어떻게 바꾸어 나갈 것인가? 조심스러운 리포지셔닝이 필요한 대목이다.

과거는 잊어라

급격히 변화하는 세상에서 과거에 매달리는 일은 심각하게 치명적일 수 있다. 원자력산업도 마찬가지다. 사람들의 공포를 불식시키기 위해서는 두려움을 주는 주범인 '핵nuclear'이라는 단어를 없애버려야 한다. 원자력, 핵 등의 단어가 등장했던 시대로 돌아가 보자. 그 단어들이 산업발전의 걸림돌이 되리라고 누가 상상이나 했겠는가.

리포지셔닝에 성공하려면 산업의 명명 자체가 바뀌어야 한다. 새로운 이름은 '핵'을 연상시키는 것이어서는 안 된다. 북한이나 이란을 언급할 때마다 등장하는 단어이기 때문에, '핵'이라는 단어는 언제라도 산업 전체를 뒤흔드는 시한폭탄이 될 수 있다.

아예 산업 자체를 에너지원에 근거해 다시 명명하는 건 어떨까? 석탄, 석유, 가스, 태양, 바람 등이 에너지원으로 불리는 것처럼, '우라늄'이라고 해서 그 대열에 끼지 못할 이유는 없지 않은가. '우라늄 발전소'라고 하면 위험하게 들리지 않을 뿐더러 확실히 더 친근한 느낌마저 들지 않는가 말이다.

리포지셔닝이란 적절한 언어를 선택하는 일로 귀결되는 경우가 많다. 그것은 수차례 강조한 바와 같이, 리포지셔닝은 고객의 인식에서 벌어지는 전쟁이기 때문이며, 이때 적절한 언어야말로 가장 강력한 무기가 될 수 있기 때문이다.

GM의 위기

제너럴 모터스General Motors는 모든 종류의 미시적 위기를 경험한 기업이라 해도 과언이 아니다. 필자는 지금까지 나왔던 GM의 위기에 관한 논의에서 한 걸음 더 나아가고자 한다. 어떤 이들은 GM에게 더 이상 희망이 없다고 말한다. 또 어떤 이들은 시간이 지나면 해결의 기회가 올 것이라 말한다. 그러나 어느 누구도 GM의 성패가 브랜드를 중심으로 결정될 문제라 말하지는 못했던 것 같다.

GM의 미래는 현존하는 GM브랜드들을 어떻게 잘 리포지셔닝하는가, 그리고 각각의 전략들을 얼마나 잘 수행하는가에 달려 있다. 어떤 사람은 이를 두고, 알프레드 슬로언Alfred Sloan이 수많은 GM브랜드들을 청산하고 다섯 개 브랜드를 중심으로 "모든 가격대, 모든 목적에 부합하는 자동차"의 거대한 GM을 만들었던 일을 떠올릴지도 모르겠다. 그러나 과거의 일은 과거의 일일 뿐이다. 상황은 달라졌다. 극도로 포화상태인데다가 치열한 경쟁이 벌어지고 있는 오늘날, 자동차시장에서 살아남기 위한 전략은 무엇일까?

오늘날 가장 성공적인 브랜드를 만들어내는 요인은 무엇일까? 이 책 초반부에서 언급한 것과 마찬가지로, 그것은 한 마디로 '언어'다. 가장 강력한 브랜드는 한 단어, 혹은 하나의 컨셉으로 대변된다. 토요타Toyota 는 신뢰성reliability, BMW는 주행감drivability, 메르세데스 Mercedes는 기술력engineering, 볼보Volvo 하면 안전성safety을 떠올릴 수 있다. GM의 브랜드들이 가진 문제는 각각의 브랜드가 명료한 차별점을 인식시키지 못했다는 점이다. 모든 브랜드가 '모든 사람을 위한 모든 것'이 되고자 한 결과다. 그 결과는 극단적으로 표현해서 '그 어떤 사람을 위한 것도 아닌, 아무것도 아닌 것'이 아닐지. 시보레Chevrolet 는 어떤 차로 인식되어 있을까? '대형, 소형, 고가, 저가, 트럭, 밴, 스포츠카' 의 브랜드가 되었다.

파산을 경험한 GM의 과제는 남은 네 개의 브랜드를 어떻게 리포지셔닝해야 할지 결정하는 것이다. 어떤 차별화된 전략을 구사해야 할까? GM이 나아가야 할 길은 명확해 보인다.

GM 브랜드 가운데 가장 하층으로 포지셔닝된 시보레Chevrolet에서 이야기를 시작해 보자. 시보레 판매숫자를 생각해 보면, 사실상 시장선도자로 리포지셔닝이 가능하다. 시보레에게는 '남들이 모두 사는 제품을 당신도 구입하라'는 전략이 적절하다. 시보레는 어떤 브랜드인가? '미국인들이 제일 선호하는 미국 차'다. 좋은 가치, 다양한 제품 그리고 전통이라는 맥락으로 이야기를 엮어갈 수 있을 것이다.

시보레 바로 윗급으로 뷰익Buick이 있다. 제일 먼저 해야 할 일은 저가형 뷰익 생산을 중단하는 일이다. 시보레와 경쟁하도록 해서는 안 될 일이니 말이다. 뷰익의 경쟁상대는 BMW의 저가 제품라인처럼 가격을 낮추어 보편화하고자 하는 고급차 브랜드들이다. 따라서 '높은 지위를 상징하면서도 부담스러운 비용을 지불하지 않고 살 수 있는 고급차'라는 컨셉이 가능해진다. 그와 같은 전략은 자동차를 통해 사회적 지위를 나타내고자 하지 않는 구매층에게, 강력하게 가치를 전달할 수 있을 것이다.

뷰익보다는 고급이지만 진짜 프레스티지 급으로 인식시키기는 어려운 캐딜락Cadillac의 경우는 어떤가? 고차원의 기술로 같은 카테고리 시장에서 우위를 점할 수 있다. '캐딜락' 하면 엔진 성능, 안전성,

전자기술 등 '첨단기술'을 떠올리도록 만들 수 있다. 그렇게 하면 최신 모델을 사고자 하는 고객들의 마음을 사로잡을 수 있을 것이다.

마지막으로 GMC가 있다. 왜 GM이 GMC에 대한 미련을 버리지 못하는지 이해할 수 없는 면이 있지만, GMC 브랜드를 단 덩치 큰 자동차들로 승부를 걸 수 있는 방법은 있는 것 같다. GMC가 과거에 펼쳤던 '전문가급professional grade'이라는 프로모션과 맥을 함께 하지만, 훨씬 더 의미심장한 리포지셔닝 아이디어는 '강인한 신뢰성 rugged reliability'이다. 물론 GM이 그와 같은 고객과의 약속을 반드시 이행해야만 성공할 수 있다.

험난한 시장상황에서 '정교하게 리포지셔닝된 네 개의 브랜드'가 바로 정답이다. GM이 적절히 계획을 수행하고, 각 브랜드의 컨셉에 대한 초점을 잃지 않는다면 성공을 거머쥘 수 있을 것이다. 혹 성공하지 못할 수도 있을까? 부디 그런 일은 벌어지지 않기를!

위기상황에서의 지침들

위기로 인해 게임의 방식은 바뀌게 될지라도, 여전히 변하지 않고 도움이 될 만한 몇 가지 지침들을 소개하고자 한다. 오랫동안 마케팅 세계를 관찰하면서, 과거에 비해 새 시대가 될수록 살아남기 어려워진다는 것을 발견하게 된다. 필자에게 오랜 세월 변화한 것이 무엇이냐 묻는다면, 단연 '경쟁'이라 답할 것이다. 경쟁은 점점 첨예화되고 있고, 위기는 이러한 상황을 더욱 심화시킨다.

모든 마케팅 계획을 수립할 때 경쟁자를 염두에 두고 시작하는 것이야말로 생존을 향한 열쇠다. 기업은 자신들이 하고 싶은 일을 하는 게 아니다. 사실은 경쟁자, 나를 멸망시킬지도 모르는 위험한 경쟁자 때문에 할 수밖에 없는 사명을 완수해가고 있는 것이다. 리포지셔닝 전략에 필요한 '생존을 위한 조언'들을 만나보자.

경쟁사의 약점을 활용하라

경쟁자가 특정한 강점으로 고객에게 인식되어 있는 상황에서는, 기업은 무언가 자신만의 다른 강점을 찾아내야 한다. 이때 경쟁자가 지닌 약점이 바로 나의 강점이 될 수 있다. 맥도날드의 강점이 어린이를 위한 공간을 마련하고 있다는 점이라면, 버거킹은 어른들을 위한 공간으로 고객들의 마음속에 자리잡아야 할 것이다. 과거 미국산 자동차가 아주 믿을 만하지는 못하다는 인식이 있었을 때, 토요타Toyota는 바로 그 점을 파고들어 자신의 강점으로 만들었고, 오늘날 '신뢰성'의 대명사 자리를 차지할 수 있었다.

그러나 반드시 기억해야 할 것이 있다. 강점과 약점은 고객의 마음속에서 평가되는 것이다. 마케팅은 어디까지나 인식 싸움이다. 마케터가 해야 할 일은 인식을 이용하는 것이다.

지금 이 순간 당신의 경쟁자도, 어떻게 하면 당신의 약점을 공략할지 고민하고 있다. 이 사실을 잊어서는 안 된다. 경쟁자가 무엇을 계획하고 있는지에 관해, 정보를 끊임없이 모으고 살펴야 한다. 영리한 영업사원도, 친절한 고객도, 시장조사도 모두 좋은 정보원이 될 수 있다.

경쟁자를 과소평가해서는 절대 안 된다. 차라리 과대평가하는 편이 안전하다. AT&T, 디지털 이큅먼트, 리바이스, 크레스트Crest는 경쟁자들을 과소평가했다가 낭패를 본 산 증인들이다.

과도한 공격, 강력한 역공격을 부를 수도 있다

경쟁자들을 언제라도 공략할 수 있다고 생각하는 기업이 있다면 큰 코 다칠 일이다. 경쟁자의 제품이나 서비스를 비웃을 수도 있고, 우리라면 그보다는 잘할 수 있겠다고 장담할지 모른다. 비웃고 장담하는 데는 비용도 시간도 들지 않으니 그 자체로는 손해볼 건 없어 보인다. 그러나 부디 명심하라. 경쟁자는 어느 날 갑자기 보다 발전한 모습으로 나타나, 나의 장점을 물거품으로 만들어버릴 수 있다.

렌터카시장 2위 기업 에이비스Avis는 부단한 노력을 기울인 기업이다. 하지만 1위 허츠Hertz는 에이비스의 끊임없는 공략에 대해 흔들리지 않고 재빠르게 대응해 나갔다. 어느 날 허츠는 대단히 인상적인 헤드라인의 광고를 선보인다.

“오랫동안 에이비스는 항상 2등이라고 말해 왔습니다. 이제 저희가 왜 그들이 항상 2등일 수밖에 없는지 보여드리겠습니다.”

이 광고에서 허츠는 그 사이에 개선했던 수많은 내용들을 고객들에게 설명했다. 허츠의 이런 대응 탓에, 에이비스는 만회할 수 없는 불리한 상황을 만들고 만 셈이 되었다. 경쟁사의 실수를 가지고 마케팅 프로그램의 출발로 삼아서는 안 된다. 실수는 손쉽게 바로잡으면 그만이다.

경쟁자를 리포지셔닝하는 것은 단순히 가격에 관한 사안이 아니다. 가격에 대한 경쟁우위가 있는 경우가 아니라면, 가치와 가격이 반드시 동일한 개념은 아니라는 점을 명심하자. 물론 가격경쟁력이 있다면 차별화 요인으로 가격을 사용할 수도 있지만 말이다.

사우스웨스트 항공은 낮은 요금을 차별화 요인으로 내세웠다. 이는 CEO 허브 켈러허Herb Kelleher가 강조한 것처럼 다른 항공사들과는 차별화된 운영을 함으로써 가능한 것이었다.

한 기종만 사용하여 사우스웨스트 항공은 교육 및 유지 비용을 줄였다. 또한 좌석 예약제를 폐지하여 예약 시스템으로 인한 막대한 비용을 절감했다. 기내식을 제공하지 않음으로써 비용과 시간 손실을 줄일 수 있었다. 그리고 값비싼 허브 공항을 사용하지 않고 작은 공항을 사용하여 공항 사용료를 줄일 수 있었다. 사우스웨스트 항공은 최근 좌석 예약제를 시작하고 더 큰 공항을 이용하기 시작했다. 하지만 이러한 움직임은 매우 조심스럽게 추진되고 있다.

8장
가치의 게임

차별화를 통해 사우스웨스트 항공은 어느 항로에서나 거리당 운송비용이 가장 낮은 항공사가 될 수 있었다. 하지만 이러한 시도는 사우스웨스트 항공을 무미건조한 이동수단으로 만들었다. 이를 극복하기 위해 사우스웨스트 항공은 승객들의 여행을 즐겁게 만드는 노력을 기울였다. 예컨대 승무원이 승객들 앞에서 코미디를 선보이기도 한다.

사우스웨스트 항공은 저가 항공사로 자신을 차별화했다. 그리고 이러한 이미지는 고객의 마음속에 확고하게 자리 잡았다. 어떤 다른 대형 항공사가 더 낮은 요금을 제공한다고 해서 쉽게 무너지지 않을 것이다. 많은 항공사들이 사우스웨스트 항공을 모방하려고 시도했지만, 대부분 실패했다.

월마트Wal-Mart는 '언제나 싼 가격' 정책으로 대형 유통사업에서 큰 성공을 거두었다. 사우스웨스트 항공처럼 월마트는 낮은 가격을 성공적인 차별화 요인으로 만들 수 있었다. 월마트의 성공요인을 살펴보자.

먼저 월마트는 경쟁상대라고는 소형 구멍가게들뿐인 인적 드문 미국의 시골에서 사업을 시작했다. 그곳에서의 경쟁은 마치 제2차 세계대전 당시 독일군의 발칸반도 점령처럼 손쉬웠다.

그리고 신규 점포를 속속 개점하며 기술 기반을 구축했다. 규모가 점점 커지면서 월마트는 유통업체로서의 영향력을 행사하기 시작했다. K마트Kmart, 타겟Target, 코스트코Costco와 같은 대형 마트들과 경쟁이 치열해지고 있지만, 월마트는 이런 경쟁에서 이길 수 있는 구조적인 원가우위를 갖추었다. 최근 월마트는 '돈을 절약할 수 있는 매장'으로 자신을 리포지셔닝하였는데, 이로 인해 소비자들은 월마트의 가격이 가장 낮다고 믿게 되었다. 사실 월마트의 품목들을 하나하나 비교해보면 꼭 그렇지도 않은데 말이다.

PC 제국의 반격

컴퓨터 전쟁에서 애플Apple사는 PC를 '범생이' 또는 쿨하지 못한 캐릭터로 리포지셔닝시킴으로써 성공할 수 있었다. 이 전략으로 PC 시장이 경제침체의 늪에 빠져있을 동안에도 애플의 맥Mac은 꾸준히 판매되었다. 맥은 사용 편의성과 미적 디자인을 차별화 포인트로 설정했다. 그러나 이러한 맥의 효용은 고객 입장에서는 비용이 드는 것이어서, 2009년 PC 진영은 낮은 가격으로 반격하기 시작했다.

소비자의 컴퓨터 구입에 관해 생각해 보자. 어떤 사람이 천 달러 이하 가격대에서 17인치 노트북을 찾는다고 하자. 그는 많은 상점을 돌아다니면서 맥이 너무 비싸다고 생각할 것이다. 애플 스토어에서 출발해서 결국에는 미국 전자제품 유통업체 베스트 바이Best Buy에서 699달러의 PC를 구매할 것이다. 그녀는 "나는 PC야. 난 내가 원하는 걸 가졌어."(역자주 : 애플 광고 패러디)라고 자부할 것이다.

실제 상황에서 소비자는 최종적으로 지불할 가격에 대해 어느 정도 유연하게 생각한다. 하지만 17인치 노트북을 구매할 때 사람들은 2천8백 달러의 맥이 아닌 699달러의 PC를 선택할 가능성이 높다. 보통 소비자들은 PC구입 시 안티 바이러스 소프트웨어, 고성능 오디오 및 비디오 소프트웨어를 추가 구매하는데, 그렇다 할지라도 총 비용은 맥 가격의 절반에도 미치지 않기 때문이다.

필자가 별로 좋아하는 전략은 아니지만, 가격은 특히 경기침체기에 리포지셔닝을 위한 효과적인 무기가 될 수 있다. PC가 비록 맥에 비해 쿨하지는 못하다 하더라도, 고객의 돈을 아끼게 해줄 수는 있다.

찰스 슈왑의 방식

찰스 슈왑Charles Schwab은 최초의 디스카운트 브로커discount broker
였는데 앞의 예와 유사한 상황에 처하게 되었다. 이 기업은 가격경쟁
력으로 풀 서비스를 제공하는 브로커들의 시장지배를 깨뜨릴 수 있
었다. 하지만 곧 인터넷 서비스를 제공하는 더 낮은 수수료의 브로
커들이 등장해 위기에 봉착했다.

찰스 슈왑은 더욱 더 많은 서비스를 제공하며 더 높은 단계의 시장
으로 진입하였다. 디스카운트 브로커 형태를 유지하고 있지만, 이들
의 광고를 보면 높은 비용으로 풀 서비스를 제공하는 거대 기업인 메
릴 린치Merrill Lynch보다 더 메릴 린치처럼 보인다. 이들은 심지어 은행
기능을 추가하기까지 했는데, 사실 이 선택은 좀 혼란스러워 보인다.

찰스 슈왑의 사례에서 보듯이, 가격경쟁력으로 출발할 수는 있지
만 구조적 경쟁력을 갖추고 있지 않다면 계속해서 가격만을 고집할
수 없을 것이다. 가치를 추가함으로써 먹이사슬의 상위 단계로 이동
해야 한다. 찰스 슈왑은 바로 이 점에서 성공을 거두어 선망받는 금
융기업이 되었다.

가격 공격 피하기

시장선도자들을 공격하는 경쟁자들은, 선도자들을 고가 브랜드로

리포지셔닝하곤 한다. 이에 어떻게 대처할 것인가? 모든 경쟁자들의 움직임에 일일이 대응해야 할까?

가격 공격에 대응할 수 있는 신뢰할 만한 방법을 소개한다.

1. 특별한 것을 제공하라　시장선도자는 주요 고객들에게 특별한 것을 제공할 수 있다. 나이키는 미국 스포츠 의류 및 신발 매장 체인인 풋 라커Foot Locker 에 대형 신발 소매점에만 독점적으로 공급하는 130달러의 운동화 튠드 에어Tuned Air 를 납품했다. 지금까지 소비자 반응은 매우 좋다. 풋 라커는 나이키에 튠드 에어를 백만 켤레 이상을 주문했고, 2억 달러 이상 판매고를 올릴 것으로 예상한다. 이는 나이키에서 가장 많이 팔린 에어 조단과 필적할 만한 결과다.

2. 고객의 관점을 바꿔라　가격전쟁에서 또 다른 전략은 초기 비용에 대응해 '총 비용'을 강조하는 것이다. 어떤 제품범주에서는 구매 후에 많은 비용이 발생할 수 있다. 만약 기업의 제품이 구매 후에 더 나은 성능을 보인다면 '구매 시점 비용cost of purchase'보다는 '소유 비용cost of ownership' 전략을 구사하는 것이 낫다. 또 하나의 변형전략은 제품 수명 컨셉이다. 메르세데스Mercedes는 고가지만 다른 차들에 비해 수명이 훨씬 길다. 이 논리는 고객들이 제품이 터무니 없이 높은 가격이라고 느끼지 않게 해준다. 비슷한 전략은 덕시아나Duxiana 같은 3천 달러 이상의 고가 침대를 판매할 때 사용된다. 그들의 컨셉은 다음과 같다. "값 비싼 승용차보다 침대에서 보내는 시간이 훨씬 많습니다. 사실 인생의 40퍼센트

이상을 침대에서 보내는데, 뭘 그렇게 아끼려 하십니까?"

3. 더 많은 것을 제공하라 제품에 다른 것들을 추가 제공한다면, 고객은 자신이 지불한 것 이상을 기업에서 받는다고 느낄 것이다. 필자는 몇 년 전 콘티넨탈 항공Continental Airlines과 일할 기회가 있었다. 이 항공사는 파산에서 벗어나 새 경영진을 구성하고 새로운 항공사로 리포지셔닝하고 있었다. 최신 비행기들을 갖추고 비즈니스 클래스와 클럽 서비스를 개선했다. 또한 최근 많은 항공사들이 기내식 서비스를 중단한 후에도 계속해서 기내식을 제공했다. 그들은 더 많은 노선에서 운항했다. '같은 가격이면 더 많은 항공편을 가진 항공사를'이라는 슬로건을 통해 명확하게 가치에 대해 이야기하는 전략을 구사했다. 그런데 이후 콘티넨탈 항공은 위의 전략을 "열심히 일하고 제대로 된 비행을 하라"는 컨셉으로 바꾸게 되었다. 가치전략이 의미 없는 슬로건으로 대체된 것이다.

4. 친절하라 소비자 중심의 소매점에서는 서비스가 곧 강력한 가치이다. 미국 코네티컷 그리니치에 위치한 샘 브릿지 조경Sam Bridge Nursery을 보자. 샘 브릿지는 풀 서비스 제공의 연중 무휴 정원 관련 용품점으로, 1930년 창업했다. 이곳은 식물이나 원예 제품을 가장 싼 가격에 제공하지는 않았지만 가장 친절한 상점임은 분명했다. 만일 노년의 여성 고객이 구입한 화초를 잔뜩 실은 카트를 끌고 있다면, 금방 직원들이 달려와 도와줄 것이다. 또한 어떤 질문이든지 신속한 답을 얻을 수 있다. 한 고객에게 왜 샘 브릿지에 오는지 이유를 묻자 "이곳만큼

친절한 곳은 없어요."라고 답했다. 직원들에게 친절교육을 실시하는 데 많은 노력과 비용이 들지만, 기업은 반드시 친절에 대한 보상을 받을 것이다. 심지어 위기의 순간에도 말이다. 샘 브릿지 웹사이트에 게재된 글을 보면 그들이 더 나은 서비스와 가치를 제공하기 위해 얼마나 노력하는지 엿볼 수 있다.

샘 브릿지는 훌륭한 고객 서비스 지식을 갖춘 직원들을 자랑스럽게 여깁니다. 저희는 전문가의 손길을 1930년부터 제공하여 왔습니다. 올 한해 동안 저희 직원들은 정확한 최신 정보를 전달하기 위해 수많은 산업 컨퍼런스, 트레이드 쇼에 참석하였습니다. 궁금한 점이 있다면 주저하지 마시고 저희에게 연락하거나 방문해주십시오. 언제든 환영입니다.*

서비스로 승부하라

샘 브릿지 조경과 같이 작은 규모의 기업이라면 상대적으로 친절하기 쉬울 거라고 생각할 수 있다. 정확한 관찰이다. 그렇다면 큰 규모의 기업은 어떨까?

미국 대형 전자매장 베스트 바이는 업계 최후의 생존자다. 두 거대 경쟁자인 서킷 시티Circuit City와 컴프 유에스에이CompUSA는 사라져버렸다. 전자제품 소매업은 호경기에도 경쟁이 매우 치열하고, 낮은 마진과 지속적인 가격인하, 빠른 제품주기, 인터넷 소매업자의 가

---

* http://www.sambridge.com/staff.html; http://www.sambridge.com/aboutus.html

격 압력에 늘 시달린다. 더구나 부유층 고객은 월마트나 코스트코 류의 매장에서 쇼핑을 한다. 리포지셔닝이 필요한 시점인 것이다.

베스트 바이의 새 CEO 브라이언 던Brian Dunn은 서비스를 중심으로 체인을 리포지셔닝하겠다고 「뉴욕 타임즈New York Times」에 발표하였다. 사실 서비스야말로 과거 베스트 바이가 경쟁업체에 비해 뛰어난 부분이었다. 그들은 제품보증서를 판매하거나 홈 씨어터 설치 및 컴퓨터 설정을 도와주는 서비스를 수행했다. 퍼시픽 크레스트 증권Pacific Crest Securities의 한 애널리스트는 상당히 수익성이 있는 이 서비스들이, 당시 기준으로 다음 해 기업 수입 470억 달러의 5퍼센트를 차지할 것으로 예상했다. 베스트 바이의 기술지원 팀 긱 스쿼드Geek Squad는 PC 중심의 서비스를 넘어서는 보다 많은 서비스를 제공하고 있다.

베스트 바이가 수익창출만을 위해 서비스를 제공하는 것은 아니다. 던은 2007년 5월에 시작한 '워크 아웃 워킹Walk Out Working'이라는 서비스를 예로 들어 설명한다. 무료로 제공되는 이 서비스는 고객들이 새 휴대폰의 환경을 설정하는 것을 도와 주어, 그들이 매장을 나갈 때에는 음원 재생이나 웹 서핑 등 자신이 좋아하는 기능을 사용할 수 있도록 해준다.*

이것은 상당히 좋은 리포지셔닝 전략이다. 이는 샘 브릿지와 비슷

---

* http://www.nytimes.com/2009/07/18/technology/companies/18bestbuy.html

한 경우이다. 만약 고객에게 왜 베스트 바이에 쇼핑하러 오냐고 물었을 때 "다른 매장 직원들은 이렇게 똑똑하진 않거든요."라고 대답한다면 베스트 바이의 리포지셔닝 전략은 성공한 것이다.

프레스티지가 사라지고 가치의 시대로

요즘은 고가 브랜드에게 어려운 시기다. 고객들이 예산 규모를 줄이고 저축을 늘리려 할 때 고급 브랜드는 어떤 전략을 구사해야 할까? 그리고 프레스티지에 의존하는 제품이 사회적으로 받아들여지기 어려운 분위기일 때는 어떻게 해야 할까?

가격을 인하하고 고객들에게 그동안 바가지를 씌웠다고 해야 할까? 베라왕 Vera Wang 웨딩드레스는 한때 평균 5천5백 달러 정도로 판매되었고, 그 다음해에는 3천8백 달러로 떨어졌다. 베라왕은 20~30대를 공략한 라벤더Lavender라는 저가 캐주얼라인을 도입하였다. 노드스트롬Nordstrom 백화점은 정가판매를 실시하는 백화점의 신규 점포 수를 줄이고 저가제품을 판매하는 노드스트롬 랙Nordstrom Rack 의 개점 속도를 3배로 증가시켰다.

이러한 서브 브랜드sub brand들이 모두 성공할 수 있을지 그리고 그들이 주브랜드에 어떤 영향을 미칠지는 아직 미지수다.

전 세계의 기업들이 같은 딜레마를 겪고 있다. 다소 고가인 여성

핸드백 브랜드 코치Coach의 사례를 보자. 경제위기로 3백 달러 이상의 핸드백 판매가 급감했을 때 관리자들은 어려운 의사결정을 내려야 했다. CEO 류 프랑크포트Lew Frankfort의 말에 따르면 고객들이 코치 매장에 들어와서 제일 먼저 묻는 것은, 세일 상품이 어떤 거냐는 것이다.

그는 필자에게 말했다. "우리는 절대 세일을 하지 않습니다. 하지만 코치를 리포지셔닝하기 위해서는 무언가를 해야겠다는 생각이 들었습니다." 그렇다면 어떻게 해야 할까?

새로운 브랜드

코치는 가격을 인하하는 것보다 좀 더 젊은 층을 타깃으로 새로운 재질, 새로운 디자인의 서브 브랜드를 출시하기로 결정했다. 브랜드 이름은 파피Poppy 라인으로, 코치보다 20퍼센트 정도 낮은 260달러 정도의 가격으로 판매한다. 필자는 기존 브랜드의 가격을 할인하는 것보다 새로운 브랜드를 출시하는 전략을 더 선호한다. 하지만 새로운 브랜드는 수익을 창출하면서 자신만의 이름과 외양, 시장 세그먼트를 가지고 있어야 한다. 그리고 새로운 브랜드와 기존 브랜드는 확실하게 차별화되어야 한다.

이 모든 요건을 맞추기 위해서는 엄청난 양의 작업과 계획이 필요하다. 필자가 이 책을 집필하고 있는 요즘, 파피 컬렉션의 주요 제품들이 9개의 코치 매장과 23개의 백화점에서 시험 판매되었다. 가장 잘 팔린 물건은 98달러 핸드백이었다. 코치가 2~3백 달러 핸드백을 계속해서 잘 판매할 수 있을까? 아직 두고 볼 일이다. 그래도 이들은 무거운 짐을 한 마리 말이 아닌 훌륭한 두 마리 말로 옮기고 있다.

고가시계 판매

기업이 고가전략을 고수하기 위해 판매기술을 조절해야 할 때가 있다.

수집가를 위한 아이템인 고가시계시장은 금융위기로 큰 타격을 받았다. 미국에서 판매되는 스위스 시계 중에는, 전년 대비 판매가 40퍼센트나 감소한 브랜드도 있었다. 판매율이 떨어지자 기업들은 이를 타개하기 위해, 폴 룩스Pôle Luxe라는 명품 세일즈 컨설팅 그룹에 많은 의뢰를 했다. 「월스트리트저널Wall Street Journal」 에 따르면 이 그룹은 직원들에게 '가격'보다는 '가치'라는 용어를 사용하고, '제품' 대신 '로맨스'를 판매하도록 교육한다. 그리고 고객들이 할인을 요구하는 경우 가격 흥정을 하는 대신 소정의 사은품을 주도록 직원들을 교육한다. 폴 룩스의 접근을 다음과 같이 정리할 수 있다.

"손님, 이 시계는 최고의 작업장에서 만들었고 1만 달러 이상의 가치를 지니고 있습니다. 이 시계를 구입하신다면 여러 세대에 걸쳐 자손에게 물려주실 수 있습니다."

이것이 바로 재치 있는 리포지셔닝 전략이다.

교묘한 세일전략

프레스티지 브랜드가 저가전략을 사용할 경우, 문제를 불러일으킬 수 있다. 대개 높은 가격이 프레스티지 제품이라는 것을 증명해주기 때문이다. 소매업 애널리스트 데이빗 쉬크David Schick는 "프레스티지 제품을 판매할 때는 고급스러움도 함께 판매합니다"라고 말했다.

프레스티지 매장은 자신의 명성을 훼손할 수 있는 세일sale 표시를 커다랗게 하기보다는 직원들이 고객들에게 가격표에 명시된 가격보다 더 낮은 가격에 구매할 수 있다고 설명하도록 한다. 이것이 바로 '교묘한 세일전략'이다. 온라인에서만 50퍼센트 할인을 제공하는 경우도 있다.

고객들에게 세일이 시작하기 직전에 알려주는 전략이나 VIP 고객들에게만 할인을 제공하는 전략도 있다. 위와 같은 전략으로 고객들에게 가치 있는 제안을 즉시 받아들이게 하는 동시에, 브랜드의 위신도 유지할 수 있다. 이러한 브랜드들은 대대적으로 가격할인을 하다가 실추된 명성을 다시 회복하기란, 매우 어려운 일임을 알고 있을 것이다.

스토리에 가치를 더하라

MRI와 CT 스캔 기술에 대항하여 나타난 초음파 기술을 생각해보자. 초기에 MRI와 CT스캔은 바닥에 고정된 기계였다. 하지만 이동 가능한 소형 기계들이 등장하자 이들이 설 자리가 없어졌다.

소형 기기 선두주자인 소노사이트SonoSite라는 기업을 보자. 이들의 전략은 시장 리더라는 인식을 고객들에게 심고, '소형 기기로 대형 기기 성능을' 이라는 혜택을 강조하는 것이다. 이 전략은 성공했다. 하지만 최근 의료 서비스에도 위기가 찾아왔고, 새로운 기술개발을 위한 자금조달이 어려워졌다. 이러한 위기상황에 사용할 리포지셔닝 전략은 어떤 것일까? 아래와 같이 간단한 질의 응답으로 설명할 수 있다.

Q. 어떻게 소형 기계가 의료기기분야에서 주류가 되었습니까?
A. 환자의 상태를 호전시키면서, 시간과 비용도 절약할 수 있으니까요.

소노사이트가 리포지셔닝을 통해, 그들의 가치와 시간절약과 비용절감에 대한 고객들의 인식을 재조정한 것을 알 수 있다. 이것이 위기의 시기 병원 관리자들이 소형 초음파 기계를 구매하는 강력한 이유이다. 기본적으로 시장 리더라는 것을 이야기하는 것은 같지만, 가치라는 개념을 추가한 것이다.

랙스페이스Rackspace라는 기업의 이야기를 들어보자. 이들은 웹 사이트 호스팅 시장의 선두기업이자 전문기업이다. 하이테크산업 역시 위기를 피해갈 수 없어 기업들은 비용을 줄일 방법을 찾고 있다. 랙스페이스는 우월한 서비스 제공이라는 자신의 스토리에 가치를 부여했다. 이들은 고객들에게 비용절감 방법으로 '클라우드 호스팅Cloud hosting'을 제안한다. 클라우드 호스팅은 웹을 유통망으로 사용한다. 보안이 필요한 사용자에게는 적합하지 않지만, 이 방식은 비용절감이라는 가치스토리를 제공한다. 기존 서비스뿐만 아니라 새로운 비용절감 형태의 웹 호스팅으로 랙스페이스는 자신의 시장지배력과 전문성 스토리를 강화할 수 있었다.

초심으로 돌아가라

마틴 기타회사C.F.Martin & Co는 엘비스 프레슬리, 진 오트리, 에릭 클랩튼과 같은 전설적인 음악인들에게 사랑받은 기타를 만든 기업이다. 이런 전설적인 지위에도 불구하고 금융위기로 인해 5만2천 대였던 연 매출의 20퍼센트가 감소했고, 고급 기타의 재고는 급증했다.

그렇다면 어떻게 해야 할까? 마틴사는 1930년대와 지난 경제 위기 때 판매하던 기본적인 기타를 다시 판매하기 시작했다. 단단한 나무로 만든 그 기타는 단순성을 강조하기 위해 '1시리즈'라고 이름 붙여졌다. 1시리즈는 천 달러 이하로 판매되는데 마틴사의 기타가 보통 2~3천 달러로 판매되는 걸 고려하면 매우 가치 있는 제품이다. 1930

년대 저가 모델에서 했던 것처럼 값비싼 장식 제거를 통해 대대적으로 가격을 내릴 수 있었다. 이 기업은 2008년도에 1시리즈를 출시하자마자 그 해에 제작한 8천 대를 모두 판매했다.

기본으로 돌아가는 전략은 가치 중심으로 기업을 리포지셔닝하는데 좋은 방법이다.

프로모션에 대한 의견

가격 프로모션이 브랜드에 많은 가치를 제공할까? 전 세계적으로 실시된 방대한 연구에 따르면, 짧은 기간의 가격 프로모션이 끝나면 판매량은 제자리로 돌아간다. 프로모션 효과는 프로모션 기간에만 유지되는 것이다. 마케팅 관리자들은 특수한 상황에서라도 프로모션 효과가 유지되기를 바란다.

그러나 현실은 그렇지 않은 것 같다. 왜일까? 브랜드에 대한 장기적인 충성도가 높은 고객들이 가격 프로모션의 대부분을 활용하기 때문이다. 연구자료에 따르면 어떤 브랜드가 가격을 할인한다고 해서 소비자가 처음 보는 브랜드 제품을 구매하는 경우는 거의 없다고 한다. 많은 고객은 자신이 잘 알고 있으며 통상적으로 구매하던 브랜드가 실시하는 프로모션에 반응하는 것이다.

이것이 프로모션 효과가 지속되지 않는 이유다. 프로모션 기간에 해당 브랜드 제품을 최초로 구매한 고객들을 지속적인 고객으로 붙드는 것은 어려운 일이다. 왜냐하면 '새로운 고객'이란 사실상 거의 없기 때문이다. 더구나 전형적인 단기 프로모션은 브랜드의 기존 고객 중 일부에게만 알려진다. 설상가상으로 프로모션 비용은 매우 높을 뿐 아니라, 생산과 유통 질서를 어느 정도 교란시키기까지 한다.

프로모션은 기억에 남지도 않는다. 6개월 전 20센트 정도 할인했던 브랜드를 기억하는가? 고객들은 가격이 가끔씩 할인된다는 사실만을 알고 있는 것 같다. 마케팅 관리자들은 가격을 할인하고 심지어 이를 자랑스러워한다. 하지만 가격 프로모션은 보통 손실로 끝난다. 할인기간이 길수록 손실은 더 커지는 것이다.

그런데 왜 그렇게 가격 프로모션에 많은 돈을 투자하는 것일까? 고위 관리자들은 프로모션 예산을 삭감하고 싶어하지만, 어떻게 해야 할지도 막막하고 또는 그 결과에 대해서도 막막할 뿐이다. "분명하지 않을 때 기업에게 필요한 건 오직 배짱뿐이다"라고 말한 어떤 CEO처럼 예외적인 경우도 있지만 말이다.

제4부

REPOSITIONING

리포지셔닝의 정석

그냥 두어라. 저희는 소경이 되어 소경을 인도하는 자로다. 만일 소경이 소경을 인도하면 둘이 다 구덩이에 빠지리라.

—마태복음 15:14—

리포지셔닝은 언뜻 쉽게 할 수 있는 일처럼 보이지만 실상은 결코 그렇지 않다. 고정된 인식을 재조정하는 것은 상당한 시간이 필요한 과정이고 최고 경영진들의 큰 결단을 필요로 하는 작업이다. 경영진들 자신과 직원들, 이사회까지도 설득해야 하는 것이다. 그리고 CEO는 이 과정을 진두지휘하며 사기를 북돋우는 역할을 해야 한다. 그리고 낙관적으로 성공을 점쳐야 한다. 사우스웨스트항공의 창업자 허브 켈러허만큼 이런 일을 잘하는 사람도 없다. 그는 사우스웨스트항공을 미국 전역에서 가장 성공적인 항공사로 만들었다.

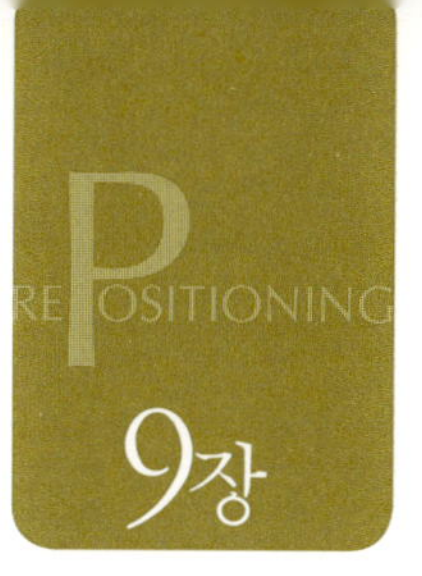

리포지셔닝은 인내와 끈기를 요구한다

리포지셔닝이란 대중의 인식을 재조정하는 것이지, 인식을 완전히 바꾸는 것이 아니라는 사실을 명심해야 한다. 시장에는 소비자의 인식을 바꾸려다 실패한 사례들이 널려있다. 사무용 복사기로 이름을 알린 제록스Xerox는 복사기와 전혀 상관없는 컴퓨터와 주변 기기로 소비자들에게 어필하려다 수백만 달러의 손실을 입었다. 코카콜라는 새로 나온 콜라가 오리지널보다 낫다고 주장하다가 많은 돈과 명성을 잃었다.

캐딜락Cadillac은 시마론Cimarron과 카테라Catera를 순차적으로 등장시키며 새롭게 출시한 소형 차종들이 기존 대형 차종 못지 않다는 것을 보이려 했다. 그러나 캐딜락만의 고유한 이미지는 사라지고 마치 시보레Chevrolet 자동차와 유사한 인상을 주던 두 소형 기종도 비

극적인 결말을 맞이했다. 소비자의 인식을 바꾸는 것이 왜 그토록
어려운지 이해하는 일은 그래서 매우 중요하다.

마음을 바꾸는 것은 어려운 일이다

신제품 광고가 기존 브랜드 광고보다 더 많은 관심을 유발시킬 것
으로 보는 견해가 팽배해 있다. 그러나 실제로는 소비자들이 새로
운 것보다 익숙한 제품에서 더 강한 인상을 받는다는 사실이 밝혀
졌다. 리서치회사 맥컬럼 스필먼McCollum Spielman은 23년 동안 2만2
천 개가 넘는 텔레비전 광고를 조사해왔다. 그 중 열 개 제품군 내
약 6천 개의 광고가 신제품에 관한 것이었다.

이 조사를 통해 맥컬럼 스필먼이 얻은 결과는 무엇이었을까? 이른
바 '신제품에 대한 일시적 열광New Product Excitement'이라 불리는 현
상이 매우 큰 설득력을 가진다는 것이었다. 그리고 소비자의 기본 습
성을 바꾼 신제품 광고는 10개 분야 중 단 하나(애완동물용 제품)에
지나지 않았다는 것이다. 열 개 분야 중 나머지 9개(약품, 음료, 개인
위생 제품 등)에서는 소비자가 이미 알려진 브랜드와 신규 브랜드를
구분할 만한 특별히 다른 점도, 새로운 제품에 대한 기대감 같은 것
도 발견할 수 없었다.

수백 개 브랜드를 대상으로 한 수천 개의 다양한 광고들을 연구

한 결과, 소비자를 설득할 때 창의성이 차별점이라고 볼 수는 없는 듯하다. 앞서 언급했듯이 사람들은 익숙하고 편안한 제품에 더 큰 영향을 받는다.

태도 변화의 시도

MIT 공대 교수에서 컨설턴트로 전향한 마이클 해머Michael Hammer 는 「리엔지니어링 혁신*Reengineering Revolution*」이라는 책에서 이렇게 말했다. '리엔지니어링의 가장 골치 아프고 짜증나며 고통스럽고 혼란스러운 부분은, 변화에 저항하는 인간 본연의 습성이다.' 「태도와 설득*Attitudes and Persuasion*」이라는 책은 이러한 '저항'에 관해 좀 더 상세히 설명하고 있다. 리처드 페티Richard Petty와 존 카시오포John Cacioppo가 저술한 이 책은 '신념 체계'에 관한 설명에 많은 지면을 할애하고 있다. 다음은 왜 마음을 움직이는 것이 그토록 어려운지에 관한 그들의 견해다.

정보 이론자 관점에서 볼 때 신념이란 태도의 인지적 기반을 제공하기 때문에, 신념 체계의 속성과 구조는 중요하다. 태도를 변화시키기 위해서는 반드시 그 태도가 바탕을 두고 있는 정보를 변경해야 한다. 따라서 한 사람의 신념을 변화시키거나, 기존 신념을 없애거나, 새로운 신념을 추가해야 한다.*

---

* Richard E. Petty and John T. Cacioppo, *Attitudes and Persuasion: Classic and Contemporary Approaches* (Boulder, CO: Westview Press,1996), p. 184.

고객의 신념을 변화시키는 과정이 앞에서와 같은데, 30초 광고에서 이를 실행하는 것이 과연 가능하겠는가?

심리학자들의 견해

「사회심리학 교본*The Handbook of Social Psychology*」은 태도를 바꾸기 어렵다는 사실을 다시 한 번 강조하고 있다.

태도를 바꾸려는 모든 프로그램들은 엄청난 문제점을 수반한다. 누군가에게는 효과 있는 방법일지라도 다른 사람에게는 효과가 없을 수 있기 때문에, 심리치료와 같이 정교한 방법일지라도 한 사람의 기본적인 믿음을 변화시키는 것은 매우 어렵다.

설상가상으로 이는 진실과도 아무 관계가 없다. 다음의 관찰을 살펴보자.

사람들은 믿기 어려울 정도로 광범위한 일들에 대해 각자 고유한 사고방식을 가지고 있다. '터키인'과 같이 잘 알지 못하는 분야, '우주'와 같이 일상생활과 연관이 낮은 분야에서도 사람들은 자신이 좋아하는 것이 무엇인지 또 싫어하는 것은 무엇인지를 너무나 잘 알고 있는 듯하다.

오래된 텔레비전 쇼인 '미스터 펠프스*Mr.Phelps*'에서 했던 말을 인용한다면, 맡아야 하는 과제가 만약 사람들의 마음을 변경시키는 것이라면, 그런 과제는 맡지 말아라.

재조정이 수반하는 것

지금까지 필자는 사람들의 인식을 바꾸려는 기업의 의욕에 찬물을 끼얹는 내용들을 소개했다. 지금부터는 '어떤 기준이나 실정에 맞게 정돈한다'라는 '조정'의 사전적 의미를 시작으로, 인식의 '재조정'에 초점을 맞춰보기로 한다.

효과적인 리포지셔닝은 사람들의 인식에 맞춰 정돈하고 조율하는 것이다. 생각을 변화시키는 것은 누군가의 인식에 저항하는 것인데, 이것은 효과적인 리포지셔닝과는 거리가 멀다. 일례로 제록스Xerox는 문서 제조회사로 널리 알려져 있기 때문에, 최근 유력해진 문서의 디지털 저장과 배포 분야에서 위치를 선점하기 위해, 디지털 문서 엔지니어링 기업으로 손쉽게 리포지셔닝할 수 있었다. 이것이 어떻게 가능한지, 다음의 오래된 사례를 통해 설명하겠다.

그 옛날 로터스Lotus Development는 새로운 소프트웨어를 개발하여 개별 PC를 진정한 비즈니스 도구로 만들었다. 그것은 로터스Lotus1-2-3으로 최초의 스프레드시트 소프트웨어였다. 당시 로터스의 개발은 일대 사건이었다. 그럼에도 시간의 흐름 속에서 급격한 기술변화가 로터스를 위협했다. 로터스 1-2-3이 새로운 운영 시스템에 적용하기 전에 마이크로소프트 윈도우라는 새로운 시스템이 등장했고, 윈도우에 특화된 엑셀이라는 경쟁력 있는 스프레드시트 소프트웨어를 출시했다. 게다가 시장의 판도는 개별 PC에서 네트워크로 연결된 PC로 바뀌고 있었고, 새로운 종류의 소프트웨어를 필요로 하고 있었다. 로터스는 리포지셔닝이 필요했다.

로터스 이미지의 재편

네트워크 PC용 소프트웨어의 새로운 명칭은 '그룹웨어groupware'다. 이 용어는 컴퓨터 집단 간 사용을 위한 소프트웨어라는 의미에서, 새로운 네트워킹 트랜드에 관해 언급한 「비즈니스 위크*Business Week*」에서 처음 사용되었다. 흥미롭게도 로터스는 노트Notes라는 최초의 그룹웨어 제품을 소유하고 있었다. 이러한 사실은 '우리는 스프레드시트의 원조였으며, 그룹웨어에서도 원조'라는 리포지셔닝 전략수립의 기반이 되었다.

이미 소비자의 마음속에 존재하는 생각을 말로 표현함으로써, 소비자의 인식을 조율하며 재조정을 할 수 있었다. 하지만 모든 일련의 과정은 상당한 시간을 필요로 했다. 스프레드시트에서 그룹웨어로의 전환은 장장 4년간의 홍보, 광고, 그리고 혹독한 관리를 필요로 했다. 로터스 CEO의 말에 따르면 이 리포지셔닝 전략에 불만을 보이는 몇몇의 직원을 해고하는 일까지 일어났다. 이사회와의 싸움도 만만치 않았다. 그러나 시간과 돈이 모든 것을 해결해 주듯이, IBM이 로터스와 노트를 35억 달러에 사들이면서 로터스의 리포지셔닝 전략은 성공적으로 마무리되었다.

시작은 빠를수록 좋다

인식의 재조정에 드는 시간을 고려했을 때, 하루라도 빨리 시작하여 상황을 파악하는 것이 큰 도움이 될 수 있다. 빨간 봉투에 DVD를 넣어 발송하는 것으로 잘 알려진 미국의 인터넷 DVD 대여 사이트 넷플릭스Netflix에서는 현재 이러한 움직임이 일어나고 있다. 넷플릭스의 CEO 리드 헤이스팅스Reed Hastings는 갈수록 더 많은 사람들이 우편발송 대신 온라인으로 영화를 관람하게 되면서, 4년 내에 기업의 주력사업이 쇠퇴할 것이라 예측했다. 따라서 어떻게 인터넷 비디오사업으로 수익을 낼 것인가의 문제가 엔터테인먼트와 기술 분야 모두가 공유하는 고민거리가 되었다.

미래를 불확실하게 하는 요인은 넷플릭스가 DVD 대여 기업에서 비디오 서비스 기업으로 전환할 경우, 경쟁 상대의 폭이 달라진다는 것이었다. 업종 변경 전에는 또 다른 DVD 대여 기업 블록버스터 Blockbuster가 경쟁자였지만, 비디오 서비스 기업으로 전환하면 애플 Apple, 아마존Amazon, 구글Google과 같은 다수의 경쟁자들을 상대해야 한다. 이러한 전환이 어떤 결과를 낳을지는 좀 더 지켜봐야겠지만, 넷플릭스는 적어도 시장의 변화에 가장 발 빠르게 대응하고 있다.

사이버 섬Cyber Island의 구축

이제까지 리포지셔닝에 필요한 시간에 관해 이야기했다. 그렇다면 한 국가의 경제 기반 전체를 바꿔놓는 것을 생각해 보면 어떨까? 현재 섬나라 모리셔스Mauritius에서 진행되는 리포지셔닝을 살펴보자. 세계에서 가장 큰 무역항들 중 하나인 모리셔스는, 인도와 아프리카 사이의 전략적으로 중요한 위치에 자리하고 있으며, 아시아를 오가기 위한 기착지로 잘 알려져 있다.

경제는 사탕수수, 관광, 무역이 지배적인 역할을 한다. 몇 년 전 새로 선출된 총리는 지금이 성장하는 글로벌 디지털 경제를 활용하기에 적절한 기회라 판단했다. 그러나 정부가 사업가들을 가장 잘 설득할 방안을 찾는 것이 문제였다. 따라서 출발점은 경제 전체를 변형시키려면 무엇이 필요한지부터 규명하는 일이었다.

- 첫째, 정부와 함께 국가의 가장 큰 4대 기업이 합자해, 기업가 정신과 벤처기업 창업을 독려하기 위해 새로운 법인을 형성했다.
- 정부는 법인과 국제 자금을 통해 1억 달러를 취득한 후 Mauritius Government

Online 혹은 M-GO로 불리는 쌍방향 정부 포털 사이트를 통해, 야심 찬 범국가적 기술 프로젝트의 시작을 알렸다.

- 그 후 정부는 다양한 벤처기업들을 지원하기 위해 초고속 통신망, 각종 네트워크와 설비를 갖춘 건물, 기타 사회기반시설을 만들었다. 이러한 노력은 다국어 사용 가능 인력에 힘입어 인도, 아프리카, 아시아 시장을 노리는 기업 유치로 이어졌다.

- 모리셔스는 아프리카 최초로 3G 네트워크에 투자해 스트리밍 모바일 TV, 원격 감시 카메라와 같은 서비스를 가능케 했다. 단순히 3G에서 머무는 것이 아니라 더 향상된 초고속 서비스로의 이동도 모색 중이다.

- 또한 새로운 무선방식인 와이맥스Wimax 기술을 이용해 모뎀만으로 곧바로 PC와 연결되어 수 킬로미터 밖에 위치한 와이맥스 기지에서 신호를 수신한다. 와이맥스는 수 킬로미터를 가로지를 수 있는 핫스팟hot spot 덕분에 '스테로이드'를 복용한 와이파이Wi-Fi'로 불린다.

5년간의 변화를 목격한 영국 공영방송 BBC는 2008년 "관광과 사탕수수를 통해 부를 축적한 국가에게 이것은 실로 급격한 방향의 전환이 아닐 수 없다."라고 보도한 바 있다.

기술 중심 기업들이 밀집한 12층짜리 '사이버 타워Cyber Tower'가 이러한 전환과 변화를 잘 보여준다. 한쪽에는 소프트웨어 개발자들이, 다른 한쪽에는 데이터 보안을 원하는 기업과 국가를 위한 원격 데이터 저장시설이 자리잡고 있다. BBC와의 인터뷰에서 이러한 '사

이버 섬Cyber Island'의 컨셉을 제안한 대통령이자 전직 총리는 다음
과 같이 말했다.

국익에 도움이 되지 않는 시간낭비일 뿐이라는 비난 여론도 만만치 않았습니다.
심지어 어떤 이들은 제가 국가경제에 부담을 끼치는 일을 하고 있다고 말하기도
했습니다. 그러나 저는 누구의 말도 듣지 않았습니다. 대신 그들에게 앞으로 나아
가야 한다는 것을 역설했습니다. 현재 모리셔스는 성장하고 있으며 '사이버 섬'으
로 거듭날 것입니다.*

리포지셔닝, 홍보가 필요하다

대대적인 리포지셔닝 과정에 많은 시간이 드는 또 다른 이유는, 이
런 노력을 누군가가 세상에 널리 알려주어야 효과를 발휘하기 때문
이다. 모든 작업을 하룻밤 사이에 완료할 수는 없다. 로터스가 그룹
웨어로 이동한 것은 다양한 비즈니스 매체에서 오랫동안 회자되고
나서다. 고객의 신뢰를 얻기 위해서는 이와 같이 제3자의 지지가 필
요하다. 기업은 스스로 변화하고 있다고 주장할 수 있지만 다른 누
군가가 지지해주지 않는다면 아무래도 신뢰성이 떨어질 것이다. 하
지만 외부에서 기업이 변하고 있다고 말해준다면 사정은 달라진다.
그럼에도 그런 경우는 흔치 않기 때문에, 기업의 마케팅 활동에서 홍

---

* http://news.bbc.co.uk/2/hi/programmes/click_online/7169467.stm.\

보를 매우 중요시 해야 한다. 홍보활동 시의 유의사항을 소개한다.

광고, 홍보 다음에 해라

홍보를 계획 없이 진행하면 시기에 맞지 않는 노출 탓에 리포지셔닝의 잠재력이 약해질 수 있다. 따라서 기업이 홍보를 통해 최대의 이익을 얻고자 한다면, 광고시점에 각별히 주의해야 한다. 주요한 홍보활동을 제대로 수행하기 전에 광고를 선보여서는 안 된다. 일반적 법칙은 '선 홍보, 후 광고'다. '홍보'가 씨를 뿌리는 작업이라면 '광고'는 추수의 과정이다.

사실상 광고가 불을 지피지는 못한다. 다만 이미 시작된 불을 번지게 할 수 있을 뿐이다. 기반이 취약한 상태라면 제3자의 지지를 통해 타당성을 입증받아야 한다. 모든 캠페인의 첫 번째 단계는 홍보활동이어야 한다. 기업이 리포지셔닝을 기본 광고전략으로 사용한다면, 홍보에서 리포지셔닝 전략을 사용하는 것이 좋다. 홍보가 광고보다 앞서야 하는 것이 당연시 되면서부터는 더욱 그러했다.

그러나 이렇지 못한 경우가 현실에서는 비일비재하다. 광고대행사와 홍보대행사는 각자 기업을 고객으로 차지하기 위해 서로를 경쟁상대로 본다. 이런 내부 갈등이 많은 제품과 기업의 프로그램을 약화시킨다. 광고가 너무 일찍 출현해 홍보효과를 죽이는 것이다. 아니면 홍보에 포지셔닝 컨셉이 빠져 있다 보니 광고가 이용할 수 있는 기반 자체가 애초에 없는 것이다. 광고와 홍보 프로그램을 계획하는 방식을 기본적으로 변화시켜야 한다. 이 프로그램들은 입체(동시다발적)가 아니라 선형(순차적)으로 진행해야 한다.

동시다발 전략 vs. 순차적 전략

입체 프로그램Spatial Program에서는 홍보, 광고, 판촉 등 여러 요소들을 한꺼번에 시작하지만 각각 별개로 진행한다. 이는 대다수 프로그램이 기획되는 전형적인 방식이다. 요컨대 여러 프로그램들을 한꺼번에 동시다발적으로 실행한다. 그러나 안개가 걷히고 초기 흥분이 가라앉고 나서 보면, 대부분 아무것도 변하지 않았다는 것을 알게 된다. 소비자들의 태도는 전과 다름이 없다.

반면 선형 프로그램Linear Program에서는 일정 기간에 걸쳐 여러 요소들을 순차적으로 등장시킨다. 따라서 이 프로그램의 이점은 각 요소들이 서로를 보강할 수 있도록 설계된다는 점이다. 오랜 시간에 걸친 프로그램은 소비자의 마음에 큰 변화를 이끌어낸다.

대부분의 입체 프로그램의 문제점은 무미건조하고 효과가 없다는 것이다. 이 프로그램에서는 준비단계도, 클라이맥스도, 각 요소들의 전개상황도, 드라마도, 다음에는 무엇이 등장할 것인가에 대한 기대감도 없다. 그렇기 때문에 해마다 새로운 광고 주제와 새로운 프로그램을 다시 시작하게 되는 것이다.

이처럼 매년 전략을 바꾸는 것은 좋은 리포지셔닝 전략이 아니다. 성공적인 리포지셔닝 전략은 무엇보다도 일관성을 요구한다. 몇 해가 흘러도 같은 전략을 고수해야 한다. 선형 프로그램은 이러한 일관성을 유지할 수 있도록 한다. 아이디어나 컨셉을 점진적으로 만들어 나가게 되면, 프로그램 홍보영역을 최고의 경지에 올려 놓을 수 있는 충분한 시간을 갖게 되는 것이다.

'대중매체 맹신'의 덫

홍보 담당자들은 원대한 꿈을 품곤 하기 때문에 가장 규모가 큰 미디어에 최우선적으로 홍보하려는 경향이 있다. 그러나 이러한 현상은 좋은 홍보전략의 선형적 특성을 간과하는 처사가 아닐 수 없다. 「월 스트리트 저널」에 이야기가 실린다는 것은 좋은 홍보 프로그램의 시작이 아니라 끝이어야 한다.

가장 확실한 방법은 핵심 타깃 층부터 시작해 점차 대상을 확산시켜나가는 것이다. 블로그에 실린 글이 업계지에 실리게 되고 이것은 경제지에 실릴 가능성을 높여준다. 그러면 일반잡지와 공중파 TV에 선보이게 될 수도 있고, 이해관계가 맞는 경우 라디오와 신문에도 등장할 수 있다. 만약 핵심 타깃 층을 우선적으로 사로잡을 수 있다면 미래의 성공은 보장된 것이나 마찬가지다.

전통 매체 뛰어 넘기

현재 홍보 세계에서는 일부 블로거blogger들과 트위터러Twitterer들이 홍보 초기 단계에서 집중적인 관심을 받고 있다. 특별히 미국 실리콘벨리Silicon Valley의 첨단기술 세계에서는 이러한 현상이 더욱 두드러진다. 온라인 전문가들은 기업에 대한 신뢰를 높여 줄 수 있다는 점에서 유용하다. 과거에는 기업들이 신제품을 지인들에게 알리는 얼리 어답터early adopter들에게 잘 보이려 노력했다. 현재는 이러한 얼리 어답터들을 직접 대면하지 않고도 온라인에서 쉽게 만날 수 있다. 이들이 기업의 이야기가 업계지에, 운이 좋으면 경제지에 등장하게 해줄 것이다.

그러나 조심해야 한다. 좋은 언론이 곧 성공을 의미하는 것은 아니다. 많은 닷컴 기업들은 수익모델을 찾지 못해 성공을 놓친다. 운전자가 서서 조종하는 1인용 운송수단 세그웨이Segway를 생각해보자. 수많은 매체에서 대서특필했지만 실제로 판매는 부진했다. 세그웨이를 타고 어디를 갈 수 있을까? 대로변을 달릴 수 있을까? 그것은 너무 위험하다. 인도로 다녀야 할까? 그것도 역시 위험하다. 그리고 모양새도 우스꽝스러워 보인다는 점도 한 몫 한다. 길에서 혼자 그 기계를 타고 다니는 것은 정말 바보 같아 보이지 않는가 말이다.

성공 4계명

지금까지의 논의를 통해 홍보 프로그램에 관해 좀 더 면밀히 살펴볼 준비가 되었다면, 지금부터는 홍보를 시작하는 단계에서 유용한 몇 가지 간단한 법칙들을 소개하겠다.

1. 대중의 마음에 현재 어떻게 리포지셔닝되어 있는지 파악해야 한다. 조사를 위해 일정 수준의 비용을 투자하거나 직접 현장에 뛰어들어 소비자와 잠재고객을 파악해야 한다. 그리고 가장 중요한 사람들인 주요 매체의 편집장들도 잊어서는 안 된다.

2. 원하는 리포지셔닝 전략을 채택하라. 홍보와 광고를 통해 성취하고자 하는 컨셉에 집중하라. 이런 컨셉은 이미지 개선과 같이 너무 일반적인 것이면 안 된다. 그리고 '역동적인', '현대적인', '진보적인'과 같은 개념들도 피해야 한다. 이러한 개념들은 리포지셔닝 전체에 관한 것이 아니다. 이는 스타일의 문제일 뿐, 홍보가 기여할 수 있는 부분이 별로 없다.

3. 모두를 설득해 결정한 리포지셔닝에만 집중하도록 하라. 이것은 경영진, 광고대행사, 홍보부서 직원들도 포함한다. 회사만의 고유한 기본전략을 고수하고 모든 언론과 대중에 대한 접근을 통해 전략을 강화하라.

4. 때로는 홍보활동을 광고, 판촉, 전반적인 마케팅과 비교하여 평가하라. 홍보란 같은 목적으로 사용하는 여러 마케팅 커뮤니케이션 도구들 중 하나일 뿐이다. 예컨대 홍보와 광고가 다른 방향으로 이루어지게 되면 자멸의 길을 면치 못한다.

명심하라! 인식을 새롭게 조정하는 것은 시간과 인내를 필요로 한다는 사실을.

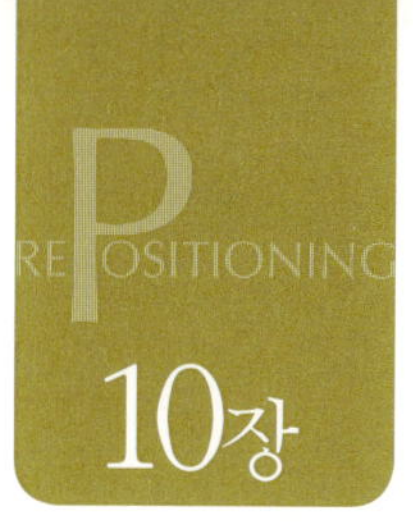

10장
리포지셔닝은 용기 있는 자의 것이다

기업에서 누군가는 리포지셔닝에 대한 책임을 맡고 있어야 한다. 그러나 그러한 리더십은 막대한 용기를 필요로 한다. 수많은 관련 도서들이 마지막 장에서 언급하듯이, CEO의 역할은 모든 책임의 선두에 서는 것이다. 전략과 비전, 강령은 기업이 어디로 가고 있는지 알아야 수립 가능하다. 리더가 방향을 잃으면 누구도 그를 따르기 어려울 것이다.

리포지셔닝은 마케팅 전략의 기본적인 변화를 내포하기 때문에 최고경영진이 그것에 관여할 것 같지만, 뜻밖에도 대부분의 경우는 그렇지 않다. GM의 부회장 밥 러츠Bob Lutz는 「비즈니스 위크Business Week」와의 인터뷰에서 현실의 문제점에 관해 다음과 같이 명료하게 정리했다. "생산비에 2억 달러를 사용하기 위해서는 초기 단계부터 이사회의 승인을 받아야 합니다. 그러나 정작 수십억 달러를 투자하는 마케팅 업무는 말단 사원들에게 맡겨버리게 됩니다. 그건 정말 정신 나간 행동입니다."*

이 일은 휴렛 팩커드Hewlett-Packard의 데이비드 팩커드David Packard가 했던 유명한 말을 생각나게 한다.

"마케팅은 마케팅인(人)들에게 맡기기에는 너무 중요한 일이다."

수년 전에 「피터의 원리The Peter Principle」라는 책에서 저자 피터Peter와 헐Hull은 다음과 같이 말했다.

오늘날 대부분의 조직체계는 원칙과 규율에 의해 많은 방해를 받는다. 법적 규제에 너무 얽매여 있어 높은 지위의 직원조차도 방향을 제시하고 속도를 조절하는 식으로 다른 이들을 이끌지 않아도 된다. 그냥 전례를 따르고 규제에 복종하며 군중의 선두에 서서 움직이기만 하면 된다. 그들은 그저 뱃머리에 달린 작은 나무조각상처럼 소극적인 역할만을 수행할 뿐이다.**

소극적 리더십에 대한 그 같은 비관적 견해는 리더십에 관한 저서가 도처에 넘쳐나게 만드는 결과를 가져왔다. 수많은 책들은 훈족의 아틸라Attila 왕의 리더십을 모방하는 법, 내면의 평화를 얻는 법, 실패를 통한 교훈, 카리스마, 권한 위임, 협동, 미국의 숨겨진 여성 리더들,

---

* David Kiley, "Bob Lutz, GM Salesman," *Business Week*, August 3, 2009.

** Laurence J. Peter and Raymond Hull, *The Peter Principle* (New York: William Morrow, 1969), p. 68.

리더의 개인적 특성인 진실성, 신뢰 구축법, 진정한 리더가 되는 법, 리더십의 아홉 가지 법칙 등에 관한 조언을 담고 있다. 최근 살펴보니 '리더'라는 단어가 제목에 사용된 책이 무려 3천 98권이나 되었다.

필자가 생각하기에 수많은 책을 읽는다고 해서 좋은 리더가 되는 건 아닌 것 같다. 피터 드러커Peter Drucker는 훌륭한 리더가 되는 방법을 몇 개의 문장으로 간단히 요약하고 있다.

"효과적인 리더십의 토대는 조직의 미션을 확고하게 정의하고 수립하는 것이다. 리더는 목표와 일의 우선순위를 설정할 수 있어야 하고, 많은 기준을 세우고 지킬 수 있어야 한다."*

리더십의 올바른 방향은 무엇인가?

'올바른 방향'이라는 것은 어떻게 찾을 수 있을까? 위대한 전략가가 되기 위해서는 시장의 진흙탕 속으로 자신의 생각을 집어 넣어야 한다. 잠재고객의 머릿속에서 일어나는 거대한 마케팅 전쟁의 밀물과 썰물에서 영감을 얻어야 한다.

알프레드 슬로언Alfred P. Sloan은 1930년에 GM을 세계적인 제조기업으로 만들었다. 그는 다른 기업의 회장들과는 다르게 고객과 가까운 곳에서 일하는 것을 선호했다. 알프레드 슬로언은 종종 디트로이

---

* Peter Drucker, "More Doing than Dash," *Wall Street Journal*, January 6, 1988.

트Detroit 본사에서 사라져 다른 도시의 딜러 샵에 모습을 드러내곤 했다. 그는 딜러의 양해를 구하고 서비스 매니저 보조나 판매원으로 며칠 동안 일하곤 했다.

그리고 본사로 돌아와 딜러부터 자동차 스타일에 이르기까지 소비자 행동과 선호에 대한 메모를 기록해 놓곤 했다. 경영적 사고의 대가 피터 드러커는 알프레드 슬로언이 주기적으로 현장에서 일하면서 소비자조사보다 더 방대하고 중요한 트렌드를 더 빨리 알아낼 수 있었다고 말한 바 있다.

세계적으로 위대한 군사전략가 가운데, 말단에서부터 시작한 사람들이 많다는 것은 잘 알려진 사실이다. 그들은 실전에서 떠나지 않음으로써 전쟁의 감각을 잃지 않았다. 저명한 군사이론가 클라우제비츠는 최고의 군사학교를 나오지도, 고위 간부들로부터 교육을 받지도 않았다. 그는 역사상 가장 악명 높고 치열한 전투의 최전방에 투입됨으로써 군사전략을 배울 수 있었다. 가장 탁월하고도 힘든 방식으로 배움을 얻은 셈이다.

세계 최대 유통기업을 이룬 진솔한 기업가 샘 월튼Sam Walton은 일생 동안 모든 월마트Wal-Mart매장을 방문했다. 심지어 한밤중에 화물 적재소에서 직원들과 대화를 나누며 시간을 보내기도 했다. 샘 월튼과 달리 많은 최고경영진들은 현장과의 교감을 잘하지 못하는 경향이 있다. 기업의 규모가 클수록 최고경영자들이 실전과 교류하지 못

하는 경향은 커진다. 이것은 경쟁과 변화, 위기에 대처하는 기업의
능력을 저해하는 가장 중요한 요인일 수 있다.

큰 규모가 리더십을 저해한다

마케팅은 전쟁이고 전쟁의 첫 번째 원칙은 힘의 원칙이다. 더 큰 군
대나 기업이 유리한 것이다. 하지만 큰 기업들이라도 고객의 마인드에
서 벌어지는 마케팅 전쟁에 집중할 수 없다면, 큰 규모라는 장점은 의미
를 잃게 된다. 규모가 크면 기업을 관리하기가 힘든 측면도 분명 있다.

GM에서 생긴 로저 스미스Roger Smith와 로스 페로Ross Perot 사이
의 논쟁이 이를 잘 설명해 준다. 로스 페로가 GM 이사회에 있을 때
그는 주말이면 자동차를 구매하러 다니곤 했다. 그는 로저 스미스
가 자신처럼 하지 않는 것에 대해 비판적이었다. 로스 페로는 "우리
는 GM의 시스템을 없애 버려야 한다."고 주장했다. 그는 불필요하게
난방을 하는 차고와 운전사가 있는 리무진, 경영진의 호화식당을 폭
탄으로 날려버려야 한다고 주장했다. 그의 말은 옳았지만 당시의 분
위기로는 받아들여지지 않았고, 결국 GM은 이후에 파산했다.

자동차를 판매하려는 회사에 기사가 운전하는 리무진이 또 뭐란
말인가? '최고경영진과 시장의 단절'이야말로 대기업이 당면한 가장
큰 문제이다.

실상을 보지 못하는 것이 문제점이다

몹시 바쁜 CEO라면, 어떻게 시장에서 실제 일어나고 있는 '객관적 정보'를 수집할 수 있을까? 중간급 매니저들은 당신이 듣고 싶어 하는 말만 전하는 경향이 있다. 어떻게 해야 좋은 소식뿐만 아니라 나쁜 소식도 접할 수 있을까?

만약 나쁜 소식이나 쓴 소리를 CEO가 직접 접하지 못한다면, 그 사이 기업의 나쁜 소문들은 사라지지 않고 계속 외부로 번식할 것이다. 다음에 소개하는 우화를 보고 잘 생각해 보기 바란다. 이전에도 소개한 적이 있지만 다시 언급할 만한 가치가 있다고 생각된다.

계획

태초에 '계획plan'이 있었다.

후에 '가정assumption'이 나타났다.

이 '가정assumption'은 형식이 없었다.

그리고 '계획'은 핵심이 전혀 없었다.

노동자들

노동자들에게 어둠이 닥쳤을 때 그들은 과장들에게 다가가 말했다.

"그 '계획'은 아무짝에도 쓸모 없는 쓰레기입니다."

과장들

과장들도 차장들에게 다가가 이렇게 말했다.

"그 '계획'은 오물 바가지입니다. 냄새가 너무 고약해 아무도 못 견딜 겁니다."

차장들

그리고 차장들도 부장들에게 가서 말했다.

"그 '계획'은 배설물 저장고입니다. 냄새가 굉장히 심해서 아무도 견딜 수 없을 겁니다."

부장들

역시 부장들도 임원에게 다가가 말했다.

"그 '계획'은 비료 창고입니다. 아무도 그 냄새를 견디지 못할 겁니다."

임원

그런데 임원은 부회장에게 이렇게 말했다.

"그 '계획'은 우리 회사의 성장을 촉진시킬 강력한 계획입니다."

부회장

부회장은 다시 회장에게 이렇게 말했다.

"이 막강한 새 '계획'은 반드시 우리 기업의 성장과 효율성을 증대시킬 것입니다."

정책

회장이 그 '계획'을 찬찬히 살펴본 결과 좋아보였고, 결국 '계획'은 '정책'이 되었다.

CEO가 실제로 무슨 일이 일어나는지 알아볼 수 있는 한 가지 방법은, 자신의 신분을 숨기고 예고 없이 현장을 탐방하는 것이다. 이 방법은 특히 유통업자나 소매업체에서 아주 유용하게 쓰일 수 있다.

현장을 가까이 한 CEO 사례

스테이플스Staples의 창시자 토머스 스템버그Thomas Stemberg는 일선에서 상황을 파악하는 일의 중요성을 확신했다. 그는 일반소비자처럼 자신의 매장에서 쇼핑을 했다. 그리고 "프린터 카트리지 96A번은 어디서 찾을 수 있나요?"처럼 일반소비자들이 물을 만한 질문을 하곤 했다.

여러 가지 측면에서 이 모습은 마치 왕이 평범한 사람들처럼 옷을 입고 그의 국민들과 함께 호흡하는 것과 유사하다. 이 행위의 목적은 진솔한 의견을 듣고 실제로 현장에서 어떤 일이 일어나는지 아는 것이다. 한 국가의 왕처럼 최고경영자들도 그들의 부하 직원들에게 솔직한 의견을 거의 듣지 못한다. 그러기에는 중상모략이 너무 빈번하기 때문이다.

영업부서가 있다면 영업직원들이 매우 중요한 역할을 해줄 수 있다. 한 가지 비법은 그들로부터 경쟁상황에 대한 진솔한 평가를 받아내는 것이다. 또한 여기서 주의해야 할 점은, 솔직한 정보를 높이 사 주는 것이다. CEO가 솔직함과 현실성을 높이 평가한다는 말이 회사 내에 퍼지면, 많은 유익한 정보를 얻어내는 일은 갈수록 쉬워질 것이다.

CEO의 시간사용을 점검하라

또 하나의 문제는 시간의 분배다. CEO는 처리해야 할 일이 많아 현장 방문을 하지 못하는 경우가 빈번하다. 과도한 이사회, 위원회, 기념만찬 등이 CEO의 현장 방문을 어렵게 한다. 한 조사에 의하면 보통 CEO는 자신의 시간 중 30퍼센트를 회사 외적인 일로 소비하는 것으로 나타났다. 그리고 주당 또 다른 17시간을 미팅 준비에 소비했다.

보통의 고위 간부들이 주당 61시간을 일한다는 것을 감안하면 CEO가 현장을 방문하는 것을 포함한 다른 모든 일을 할 수 있는 남은 시간은 일주일에 20시간 남짓이다. 따라서 최고경영자들이 마케팅 업무를 위임하는 것은 어찌 보면 당연한 일 같다. 그러나 이것이야말로 큰 오산이다.

마케팅은 하급자들에게 위임하기에는 너무 중요한 일이다. 위임하려거든 차라리 다음 번 기금모금 행사의 운영직 같은 일을 위임해야 할 것이다. 과도한 회의도 줄여야 한다. 회의에서 말로만 지시하기보다는 현장에 직접 나가 살펴보고 조언해야 한다. 구소련의 고르바초프는 레이건 대통령이 소련을 처음 방문했을 때 '백문이 불여일견'이라 말했다.

경영자는 승리를 위해 전투의 전술적인 측면에 자신의 전부를 쏟을 수 있어야 한다. 소비자 인식 속에 자리한 경쟁자의 강점과 약점에 초점을 맞출 수 있어야 한다. 그리고 고객의 마인드에서 벌어지는 마케팅 전쟁에서 유효하게 작용할 자사의 특성과 차별화된 아이디어를 찾아내야 한다. 또한 리포지셔닝 아이디어를 활용하기 위한 체계적인 전략을 개발하겠다는, 최선의 의지가 있어야 한다.

변화는 내부에서부터 일어나야 한다

기업 외부에 찾아온 기회를 활용하려면, 기업 내에서 변화를 만드는 노력부터 시작해야 한다.

리더는 행동가가 되어야만 한다. 리더의 자질이 없는 사람은 행동하지 않고 말로만 일하는 사람이다. 어떤 실행 가능한 제안을 만났을 때, 말만 앞세운 리더는 말로만 일을 해야 한다고 할 뿐이다. 그리고 대부분 일은 일부만 처리되고 나머지는 미결된 상태로 쌓여있기 마련이다.

최고의 리더는 자신의 지혜를 다음 세대와 공유한다. 미시간대 경영대학원 노엘 티치Noel Tichy 교수는 "위대한 리더는 위대한 스승이 되어야 한다."고 말했다. 그는 GE의 존경받는 CEO인 잭 웰치Jack Welch는 자신에게 주어진 시간의 30퍼센트를 리더십 개발에 사용했고, 이 점이 잭 웰치를 차별화시키는 요인이라고 말했다. 잭 웰치는 GE의 고급경영자 훈련기관에서 주 1회 강의를 하기도 했다.

아이러니하게도 나중에 잭 웰치의 GE는 경제위기 때 침체를 겪었던 금융업에 손을 댄 후 영향력을 잃고 말았다. 잭 웰치가 월스트리트Wall Street와 주식시세에 정신을 뺏겼던 것 같다.

최고의 리더는 단순히 방향만을 제시하는 것으로는 충분하지 않다는 것을 아는 사람이다. 최고의 리더는 이야기꾼, 치어리더, 그리고 조력자가 되어야 한다. 그들은 나아갈 방향과 비전을 자신의 말과 행동으로 분명히 보여준다.

항공산업에서 사우스웨스트 항공의 최고경영자 허브 켈러허만큼 위대한 리더는 없었다. 그는 저가의 단거리 항공 산업분야에서 제왕이 되었다. 사우스웨스트 항공은 '가장 촉망받는 기업'이나 '가장 수익성 있는 기업' 등의 리스트에 계속해서 선정되고 있다.

사우스웨스트 항공을 이용한 사람들은, 승무원들의 활기와 열정을 느낄 수 있었을 것이다. 한 승객의 말을 빌리자면, "가축 운반선을 타는 것 같은 비행을 승무원들이 즐겁게 만든다."라고 할 정도로 승무원들은 유머감각도 겸비하고 있다. 사우스웨스트 항공의 정신에는 허브 켈러허의 성향이 담겨있다. 그는 회사를 움직이게 만들고 직원들의 사기를 돋우는 위대한 치어리더였다. 그는 진정으로 직원들의 뒤에서 그들을 돕는 탁월한 조력자였다.

또한 허브 켈러허는 자신의 직원과 사업에 대한 탁월한 지식과 통찰력을 지닌 사람이었다. 필자는 그를 만난 자리에서 미국 동부를 왕복하는 이스트코스트East Coast 항공사를 인수할 것을 권유한 적이 있다. 이것은 미국 동부권에서 사우스웨스트 항공의 영향력을 단번에 높일 수 있는 방법이었다. 그는 잠시 생각하더니 "뉴욕, 워싱턴, 그리고 보스턴으로 통하는 관문을 획득하고 싶은 마음은 크지만, 이스트코스트의 항공기를 원하지 않을뿐더러 동부 특유의 딱딱한 성향을 가진 직원들은 더더욱 원하지 않는다."라고 말했다.

그는 옳았다. 그가 사우스웨스트와 완전히 다른 성향을 지닌 이스트코스트 직원들의 사기를 북돋아 이끌어 나가는 것은 아마도 불가능했을 것이다.

경영자가 곧 기업이다

허브 켈러허는 탁월한 리더의 또 다른 전형을 보여주었다. 최고의 리더는 사업 그 자체이며 사업을 자신의 전형으로 만든다. 체이스맨해튼은행Chase Manhattan Bank의 회장 데이비드 록펠러David Rockefeller

는 기업이 전성기에 있을 때 외국 국가 원수를 만나는 것만으로도 화제가 되어 언론에 등장하곤 했다. 사실상 당시 록펠러는 국가 원수나 마찬가지였다.

리 아이아코카Lee Iacocca는 전성기 크라이슬러Chrysler의 또 다른 이름이었다.

빌 게이츠Bill Gates는 여전히 마이크로소프트Microsoft를 대변한다. 그는 오로지 컴퓨터밖에 모르는 사람처럼 여겨진다. 그의 모습, 그가 쓰는 언어, 심지어 그가 사는 집까지도 오로지 컴퓨터만 연상시킨다.

디노 코르토파시Dino Cortopassi는 빌 게이츠만큼 알려진 인물은 아니었다. 그의 기업이 미국 내 6만여 개의 이탈리안 음식점에 이탈리아 토마토 소스를 공급하고 있음에도 말이다. 이에 디노는 자신을 '진짜 이탈리안'의 대명사로 만드는 차별화 전략을 구사했다.

그는 이탈리안 빌라에서 살고, 소시지를 만들고, 포도밭을 소유하고 있을 뿐 아니라 이탈리아인들이 즐겨 하는 운동인 보치bocce의 개인 코트도 가지고 있다. 매년 그는 친지들을 만나러 이탈리아를 방문한다. 중요한 손님들에게는 집에서 직접 만든 올리브오일을 선물한다. 이후 빌 게이츠가 소프트웨어 세상을 지배한 것처럼 디노도 신선포장 토마토와 소스 시장을 점령하게 되었다.

고객의 눈에 보이는 CEO는 소비자와 잠재고객을 끌어들일 수 있는 강력한 무기가 될 수 있다. 그들은 기업에 특별한 능력을 부여한다. 독일인들은 제2차 세계대전에서 맹활약한 조지 패튼George Patton 장군에 대한 깊은 존경심을 드러냈다. 이 무한한 존경심을 이용해 연합군은 조지 패튼을 독일군을 유인하는 수단으로까지 사용했다.

또한 병사들은 전쟁에서 훌륭한 리더를 따르는 것을 자랑스럽게 여긴다. 그들은 좋은 장군을 본능적으로 따른다. 리더에 대한 신뢰가 없다면 추종자도 없을 것이다. 그리고 추종자가 없으면 리더의 권한도 제한적일 것이다. 마지막으로 CEO가 한 군대의 장군처럼 행동하고 싶다면 좋은 장군의 요건을 모방하는 것도 좋은 방법이 될 수 있다.

- **유연성을 가져라**　　리더는 전략에 상황을 끼워 맞추는 것이 아니라 상황에 따라 전략을 유연하게 바꿀 수 있어야 한다. 좋은 장군은 틀에 박힌 사고를 갖고 있다 하더라도 어떤 결정을 내리기 전에 모든 관점과 대안을 숙고할 것이다.

- **내면의 용기를 지녀라**　　리더는 적절한 시점에 결단을 내려야 할 때가 많다. 이때 뛰어난 장군은 승리를 위해 내면의 용기와 의지를 사용한다.

- **대담해져라**　　기회가 왔을 때 빠르고 결단력 있게 상대를 공격해야 한다. 대담성은 특별히 전세가 자신에게 유리하게 흐를 때 더욱더 필요한 요건이다. 바로 그때가 과감하게 나아가야 할 때이다. 상황이 불리할 때 과도한 용기를 보이는 사람들을 유의하라. 그런데 불행히도 계급이 올라갈수록 대담함은 줄어드는 것 같다.

- **현실을 파악하라** 　 훌륭한 장군은 세부사항부터 시작하여 처음부터 신중히 전략을 세운다. 일단 전략을 세우고 나면 간단한 것일지라도 막강한 힘을 발휘한다.

- **운도 필요하다** 　 행운은 잘 활용할 수 있다는 전제하에 모든 성공에서 큰 역할을 한다. 그리고 행운이 따르지 않을 때는 신속하게 손실을 줄이기 위한 준비를 할 수 있어야 한다. 프로이센의 군인이자 군사이론가 클라우제비츠는 다음과 같이 말했다. "굴복은 불명예가 아니다. 전쟁은 체스 게임이 아니다. 패배가 명확하다면 '최후의 한 명까지 싸우는 전략'을 고수할 필요가 없다. 승산이 없다면 패배를 인정하고 퇴각하는 것이 답이다."

이제 시작하면 된다

필자는 파파존스Papa John's의 자랑스러운 CEO 존 슈나터John Schnatter 앞에서 리포지셔닝 전략에 관한 프레젠테이션을 한 적이 있다. 회의실에는 파파존스의 마케팅 담당자와 중역들이 있었다. 프레젠테이션이 끝나고 존 슈나터가 사람들에게 의견을 물었다. 많은 사람들이 리포지셔닝 전략에 반대하는 의견을 내놓았다.

그는 15분 정도 듣고 있다가 입을 열었다. "알겠습니다. 잘 들었습니다. 그런데 한 가지 질문이 있습니다. 더 좋은 방안은 없나요?" 방안에는 적막이 흘렀다. 존 슈나터는 남의 의견대로 단순히 따르기

만 하는 성향이 아니었기 때문에 자신의 직원들에게 이렇게 말했
다. "그래요. '더 나은 재료, 더 좋은 피자'가 답입니다. 시작합시다."

그의 직원들은 그가 제시하는 방향이 옳다는 것을 알고 있었기 때
문에 리포지셔닝 전략을 따랐고, 큰 성공을 거두었다.

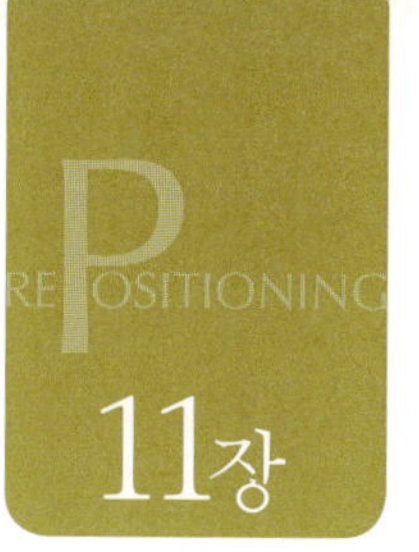

11장
리포지셔닝, CEO로 시작해 CEO로 끝난다

앞에서 리더십의 중요성에 대해 살펴보았다. 이제 의사결정에 대한 리더의 참여에 대해 논의해 보자.

미국 최대 기업들과 수많은 전략회의를 가졌지만, 한 회의에서 어느 젊은 여성이 필자에게 했던 말처럼 포지셔닝에 대한 가장 중요한 교훈을 얻은 기회는 없었던 것 같다.

프레젠테이션이 끝나자마자 그녀는 필자에게 다가와 탁월한 아이디어에 대한 공감과 경의를 표했다. 그러나 곧이어 앞으로 기업들은 리포지셔닝에 대한 필자의 아이디어를 받아들이지 않을 것이라고 말해 필자를 놀라게 만들었다. 왜 그런지 이유를 묻자 그녀는 명료하고도 번뜩이는 답을 주었다.

"당신들의 아이디어를 받아들여 실현할 수 있는 권한을 지닌 사람을 회의실에서 만날 수 없을 것이기 때문이죠."

그녀는 기업의 최고의사결정자는 자신처럼 이런 회의에 직접 참석하지 않는다는 설명을 덧붙였다. 강력한 아이디어는 항상 누군가의 개인적 의견과 충돌하기 마련이다. 제 아무리 훌륭한 아이디어도 최종 의사결정단계까지 도달하기도 전에 일찌감치 휴지통에 버려질 수 있다는 얘기다.

그녀의 말이 옳았다. 수년 동안 필자는 아무리 훌륭한 생각이라고 해도 그 자체가 가치 있는 것이 될 수는 없다는 것을 깨달았다. 회의실에서 그 가치를 알아보고 결정해 줄 능력과 권한을 가진 사람을 만나지 못한다면 아무리 효과적인 포지셔닝, 리포지셔닝 아이디어도 채택될 가능성이 매우 낮아진다.

리포지셔닝의 걸림돌 1-기존 고수익 상품

리포지셔닝 아이디어가 부딪히게 될 첫 번째 유형의 장애물은 기존의 고수익 상품이다. 새로운 아이디어는 새로운 사업기회를 기반으로 하는 경우가 많은데, 신규 사업은 때로 기존 사업에 대한 도전이 될 수 있다. 그러한 이유로 기업은 새로운 아이디어를 수용하기가 쉽지 않다. 피터 드러커Peter Drucker는 이것을 두고 '내일의 기회를 어제를 위한 제단에 희생양으로 바치는 격'이라고 표현했다.

IBM과의 회의에서, 필자는 신제품 워크 스테이션 라인을 'PMs' 또는 '개인용 메인프레임Personal Mainframes'으로 포지셔닝할 것을 설득했다. 그런데 그러한 아이디어는 아직 큰 수익을 거두고 있는 기업용 대형컴퓨터인 메인프레임 사업 책임자의 심기를 건드릴 것이 뻔했다. 어쩌면 개인용 컴퓨터 사업부 책임자도 불평할 일인지 모르겠다.

이런 경우 오직 CEO만이 자신의 기존 고수익 상품을 위협할 가능성이 잠재된 신규 아이디어 채택을 결정할 수 있다. 그러나 IBM CEO는 그 회의 자리에 없었다. 현재 데스크탑 시장의 추세를 생각해 보면 분명 좋은 선택이 될 수도 있었지만, 아쉽게도 고려해 볼 기회조차 갖지 못한 셈이다.

성공한 기업은 자사의 기존 고수익 사업을 공격하는 결정을 내리는 데도 능하다. 질레트Gillette가 좋은 사례다. 질레트는 세계 최초의 2중날 면도기 트랙Trac II을 출시해 기존의 스테인리스 단면도 면도기 시장에 타격을 입힐 수 있는 선택을 감행했고, 성공을 거두었다. 그리고 곧이어 회전식 면도기 아트라Atra를 출시했다. 그런가 하면 충격 흡수형 면도기 센서Sensor와 마이크로 핀이 부착된 센서 엑셀Sensor Excel을 출시했다. 거기서 멈추지 않고 질레트는 다중날 면도기를 선보였다. 3중날 면도기 마하Mach 3와 5중날 면도기 퓨전Fusion이 그것이다. 질레트가 새로운 아이디어를 선보이면 기존의 제품을 한물 간 것으로 리포지셔닝시키는 결과를 낳을 수 있는데도 말이다.

글로벌 컨설팅회사인 부즈 앤 컴퍼니Booz & Company는 이렇게 논평한 바 있다.

"질레트에서는 '앞서 간다'와 같은 개념은 의미가 없다. 10년 후에 소비자들에게 소개될 신제품들이 미리, 끊임없이 설계되고 있기 때문이다."[*]

실패 사례도 있다.

제록스는 레이저 프린팅 기술을 개발했지만 활용하지 못했다. 코닥은 디지털 사진기술을 개발했지만 연구 수준에 머물러 결국 사업을 실패하고 말았다.

리포지셔닝의 걸림돌 2―기존 의사결정

리포지셔닝에 관한 최종 의사결정을 내릴 사람과 회의실에서 만날 수 없다는 것은, 기존 의사결정에서 벗어날 가능성이 희박해진다는 뜻이기도 하다. 기업 내에서 새로운 전략은 과거의 결정사항과 충돌하곤 한다. 오랫동안 전략 컨설팅 업무를 해왔지만 필자의 새로운 아이디어에 대해 "환영합니다. 새로운 의사결정을 위해 그동안 아무것도 하지 않고 기다렸어요"라는 말을 들어본 적은 단 한 번도 없

---

[*] Glenn Rifkin, "Anatomy of Gillette's Latest Global Launch," *Strategy+Business*, Second Quarter 1999, p. 84.

다. 분명히 기업은 많은 일들을 해왔을 것이고, 그 중 일부가 효과적이지 못했을 뿐이다. 모든 것이 잘 되어가는 상황이라면 컨설턴트가 필요할 리는 없지 않은가.

규모가 큰 기업의 의사결정자라면 기존의 의사결정이 잘못되었다는 사실을 인정하기가 쉽지 않을 것이다. 더구나 그것이 중대한 결정이었다면, 그 누가 모든 것을 책임지는 것이나 마찬가지인 '실패에 대한 인정'을 하고 싶겠는가? 특히 실패를 용인하지 않는 조직에서는 더욱 그렇다. 따라서 기존 의사결정을 잘못된 것으로 보이게 만들 수 있는 새로운 아이디어를 받아들인다는 것은, 대다수 중간급 관리자의 본성에 어긋나는 일이다.

리포지셔닝의 걸림돌 3—'내 권한이야'라는 생각

기업이 직면할 수 있는 또 하나의 문제는 직속상관이나 광고대행사 직원의 '자의식'이다. 그들은 외부 사람이 자기 업무를 대신하는 것에 대해 못마땅하게 여길 수 있다.

"결국 책임자는 나야. 내가 다른 사람의 의견을 받아들이면 상사가 나를 우습게 보겠지."

이것은 매우 심각한 상황이라 할 수 있다. 필자의 경험으로는 이러한 유형의 사람들은 기업 외부의 충고나 의견을 바로 거절하기보다는 항상 상황에 대한 자신의 의견을 덧붙이는 경향이 있다. 말하자면, 자신의 공헌으로 만들어 버린다는 것이다.

그 결과 수정된 전략이 탄생한다. 그것은 마치 요리법을 바꾸어버린 음식과 같아진다. 똑같아 보일 수는 있지만 맛이 완전히 다른 요리가 되는 것이다. 광고대행사가 특별히 이런 방면에 능한 경향이 있는 것 같다. 최고의사결정자에 가까운 사람을 만날수록 이런 류의 자의식 문제에서 자유로워질 수 있다.

── 신중함을 위한 조언

회의실에서 최고의사결정자를 만날 수 없다면, 그 의사결정 과정에 CEO가 참여하도록 만드는 방법을 강구해야 할 것이다. CEO의 참여 없이는 새로운 전략은 결코 적절히 실행될 수 없기 때문이다. 보고서를 작성할 때는 보고받는 사람의 상사를 거쳐 CEO에게 보고되기 쉽도록 만들라.

예를 들어 프레젠테이션의 초두에 '세상이 바뀌었다'는 메시지로 시장변화, 환경변화 등에 대해 언급해라. 그러면 기존의 의사결정사항은 그것이 나중에 어떻게 판명되든지 간에, 결정 당시에나 적절했던 것으로 보이게 된다.

이러한 방식의 언어전달은 이전 의사결정을 탓하지 않으면서도 소기의 목적을 달성할 수 있는 장점이 있다. 더불어 시장변화에 대한 언급은 CEO의 관심을 한 번이라도 더 받을 수 있게 만드는 대목이기도 하다. 그러나 이것만으로는 부족하다.

── CEO를 준비시켜라

CEO가 훈련받은 마케터가 아닌 경우가 있기 때문에, CEO에게 예비지식을 제공해줄 필요가 있고, 그 방법을 찾아야만 한다.

필자는 이를 위한 두 가지 효과적인 방법을 소개하고자 한다. 첫 번째 방법은 관련 주제에 관한 강의를 열어 최고경영진을 초대하는 것이다. 외부전문가를 초빙하되 현재 회사가 당면한 문제점과 기회요인을 강의에서 다루도록 만들면 된다. 두 번째 방법은 CEO에게 관련 서적을 한두 권 보내는 방법이다. 이때 회사가 직면한 문제와 어떤 관련이 있는 내용인지를 언급해 주는 것이 좋다.

필자의 저서 가운데 가장 적합한 것이 「튀지 말고 차별화하라_Differentiate or Die_」가 아닐까 한다. 이 책은 CEO들이 빨리 이해하기 좋은 책이다. 이 책은 차별화하지 못하는 기업은 소멸되고 만다는 내용으로, 독자들로부터 큰 인기를 얻을 수 있었다. 결정적으로, 다음에 소개하는 피터 드러커의 글을 CEO에게 반드시 소개하기 바란다.

사업의 목적은 고객을 창출하는 것이기 때문에, 기업의 기본적 기능은 단 두 가지이다. 마케팅과 혁신이 그것이다. 마케팅과 혁신은 성과를 낳지만 다른 모든 활동은 그저 비용이다. 마케팅은 기업만이 차별적으로 지닌 고유의 기능이다.[*]

비유를 사용하라

자칫 거부감이 들 수 있는 리포지셔닝 아이디어로 바로 어필하기보다는, 유사한 사례를 찾아 언급하며 이야기를 시작하는 편이 좋을 수 있다.

"갑이라는 회사는 지금 제안하고자 하는 것과 비슷한 변화를 거부했고, 그 결과 좋지 않은 결과를 맞이해야 했습니다."

그리고 "우리 회사에는 이 같은 일이 벌어지지 않기를 바랍니다."라는 말을 덧붙이는 것도 잊지 말아야 한다. 누군가의 실수나 과오를 볼 때 사람들은 더 객관적이 되는 경향이 있다. 당신의 보고를 받고 있는 사람은, 운 좋게도 회사에 벌어질 수 있는 일을 막을 수 있게 되었다고 생각하면서, 그의 상사에게 보고하려고 할 것이다.

---

[*] Peter F. Drucker, *Management : Tasks, Responsibilities, Practices*, New York : Harper & Row, 1974, p. 64.

천천히 실행하라

어려운 전략, 특히 리포지셔닝과 같은 류의 것이라면 더더욱 천천히 실행해야 한다. 사람들은 변화에 적응할 시간이 필요하다. 변화의 속도를 낮춤으로써 급격한 변화에 대한 불안감을 감소시킬 수 있다.

누군가 다음과 같은 말을 한 적이 있다. "변화하지 않아도 살아 남을 수 있을 것이고, 새로운 방식으로 변화해도 살아 남을 수 있을 것이다. 그러나 정말 사람들을 힘들게 만드는 것은 옛 것과 새 것과의 사이, 즉 변화의 과도기이다."

수년 전 필자의 이전 파트너인 알 리스AI Ries와 함께, 어린이 전용 공간을 제공하고 있는 맥도널드에 대항해 성인을 위한 공간으로 버거킹을 리포지셔닝할 것을 조언한 적이 있다. 이것은 버거킹이 차지하고 있는 고객층의 일부를 포기하자는 의미였고, 버거킹 매장에서 그네와 미끄럼틀 같은 놀이기구를 없애라는 것이었다.

필자의 이런 조언은 주요한 전략의 변화를 의미했고, 경영진의 즉각적인 우려를 낳았다. 조언을 관철시키는 길은 '일단 시험해 보고 나서 천천히 시행하라'는 것이었다. 그러나 불행히도 변화에 대한 두려움을 가진 사람들을 설득할 수 없었고, 리포지셔닝 기회를 놓치고 말았다.

그동안 논의한 모든 내용으로 볼 때, 리포지셔닝이 만만치 않은 작업이라는 결론에 도달하게 된다. 리포지셔닝은 기업의 전략에 새로운 방향을 제시한다. 그렇기 때문에 그 같은 중대한 결정이 이루어질 때, 최고경영진은 반드시 그 자리에 함께 해야 하는 것이다.

변화를 위해 움직여라

이번 장에서는 최고경영진과 그들의 참여에 대해 논의했다. 앞의 내용과 관련해 피터 드러커의 조언을 소개하면서 11장을 마무리하고자 한다. 그의 조언을 실현하려면, 결국 최고경영자가 의사결정에 참여해야 한다는 사실을 받아들이지 않을 수 없다.

선진국을 보면 한 가지 분명한 사실을 발견할 수 있다. 그것은 오랜 동안 엄청난 변화에 직면했다는 것이다. 아마 이것은 전세계에 적용될 이야기일 것이다. 기업은 지속적인 변화에 발맞추어야 한다. 기업의 혁신이 경영 영역 밖의 일이라고 생각하거나, 혹은 혁신이 경영에서 지엽적인 것이라고 생각하는 것은 이제 불가능하다. 기업의 혁신은 경영의 핵심이 되어야 한다. 기업이라는 조직이 해야 할 일은 지식이 작용하도록 만드는 것이다. 그것은 장비가 될 수도, 제품, 제조과정, 업무 설계가 될 수도, 지식 그 자체가 될 수도 있다.

기술변화가 상대적으로 급격하지 않은 분야에서 어쩌면 혁신이 더욱 강조되어야 할지 모른다. 제약업계 종사자라면 매 10년마다 모든 제품의 4분의 3을 완전히 새로운 제품으로 바꿀 수 있는 능력이야말로 생존의 관건이라는 것을 알고 있을 것이다. 그러나 보험업계 종사자 중에 새로운 형태의 보험상품을 개발하는 일이 보험사의 성장 혹은 심지어 생존의 문제와 직결되어 있다는 것을 아는 사람이 몇이나 될까? 기술변화가 두드러지지 않는 산업일수록, 조직 전체가 경직될 위험은 더욱 커진다. 따라서 혁신에 대한 강조가 더욱 요구되는 것이다.[*]

---

[*] Peter F. Drucker with Joseph A. Maciariello, *The Daily Drucker New York,* Harper Business, 2004, p. 77.

12장
명쾌한 리포지셔닝

기업에 리포지셔닝이 절실한 시점이 오면, 그들이 직면한 문제점과 해결책이 명확히 보이는 때가 많다. 하지만 사람들은 이 명백한 상황을 잘 받아들이지 않는다.

지난 수십 년간의 꾸준한 주가하락으로 볼 때, GM에게 리포지셔닝은 이제 필수불가결의 것으로 보인다. 2001년에 발간한 「빅 브랜드 성공의 조건*Big Brands. Big Trouble*」이란 책에서 필자는 GM 사례를 살펴보았다. 그들이 리포지셔닝을 해야 한다는 사실은 너무나 자명한 일이었다.

시장점유율이 하락하면서 GM 이사회가 최고경영진을 몰아낸 것은 당연한 일이었다. 최근 몇 년 동안 숫자에 의존하지 않는 새로운 CEO들이 새로운 마케팅 책임자이자 브랜드 관리자로서 GM을 이끌고 있다. 하지만, 가능한 모든 시도에도 불구하고 아직까지 시장점유율을 회복시키지 못하고 있다. GM의 가장 최근 노력은 이례적으로 젊은 CEO를 임용한 것이었다. 바로 47세의 릭 왜고너Rick Wagoner로 그는 기존 편협한 경영방식에서 벗어나 GM을 완벽한 인터넷 기업으로 빠르게 전환시키려 하고 있다.

하지만 디지털화만으로 충분할까? GM 자동차가 인터넷 연결이 되는 커뮤니케이션 장치를 가지고 있다고 해서, 텔레메틱스 장치인 온스타On Star가 있다고 해서 그것이 구매로 이어질까? 디지털 공급망은 GM이 차를 좀 더 빠르게, 싸게, 그리고 고객맞춤형으로 제작할 수 있게 해주는가? 그럴 수도 있겠지만 사실 GM의 로보틱스 기술은 큰 변화를 가져오지는 못했다. 그리고 이 새로운 디지털 기술 역시 근원적인 문제를 해결하지 못했다.

GM은 그들의 성공요인을 잊었던 것이다. 이는 슬로언Sloan 회장이 80년 전에 겪었던 상황과 비슷하다. 서로 다른 브랜드들을 차별화하는 동시에 상호 보완적인 견지에서 서로를 조화시키려면 GM은 그것을 어떻게 분류하고 포지셔닝해야 할 것인가? 1921년 슬로언은 대대적 작업을 통해 두 개의 브랜드를 퇴출시키고 남은 브랜드들을 리 포지셔닝시켰다. 2001년에 이루어진 작업 역시 대대적으로 이루어졌 다. 올즈모빌Oldsmobile을 퇴출시킴으로써 산뜻한 첫 출발을 했다. 그 러나 기존 고객 및 노조의 불만과 딜러들의 문제점에 대응하는 것 은 쉽지 않을 것이다.*

　결국 왜고너는 사라졌고 폰티악, 새턴 등 여러 브랜드들도 자취를 감추었다. 이 모든 일련의 사건이 기업에 얼마나 악영향을 가져왔는 지 우리는 안다. 하지만 GM의 관리자들은 금융위기와 파산에 직면 하고 나서야, 수년간 너무나도 자명했던 문제의 심각성을 깨달았다. 여기서 다음과 같은 질문이 제기된다.

── 대체 무슨 일이 벌어지고 있나?

　중대하고 명백한 문제를 다룰 때에도 별반 다를 바 없다. 사람들 은 문제를 해결해야 할 때 결과를 무턱대고 낙관하거나 다른 사람 들에게 해결하도록 떠넘기곤 한다. 이런 현상을 '기피 심리psychology of avoidance'라 한다. 미국 오레곤대학의 한 심리학 교수가 그 같은 현 상을 주제로 책을 썼다. 그는 책에서 사람들이 어떻게 위험을 평가 하는지 밝히고 있다. 그의 관찰 중 몇 가지는 GM 상황과 관련이 있

* Jack Trout, *Big Brands, Big Trouble: Lessons Learned the Hard Way*, John Wiley & Sons , 2001.

어 보인다.

우리는 위협이 매우 시급할 때만 주의를 준다. 왜냐하면 우리의 뇌는 미래에 대해 종종 둔감하게 반응하기 때문이다. 이것은 왜 많은 사람들이 은퇴를 대비한 저축을 잘 하지 않는지 설명해준다. 이는 또한 GM의 시장점유율이 매년 조금씩 떨어지는 것으로는 그들이 직면한 문제점을 알아채지 못하는 것을 설명해준다. 아마도 관리자들은 쉽게 '우리는 약간의 조정을 할 것이고, 비용을 조금 줄여 시장점유율을 다시 회복시킬 것이다.'라고 생각하는 것 같다.

그는 사람들이 점진적 변화보다 즉각적 변화에 훨씬 더 민감하다고 지적하면서, 이는 인간이 21세기에 직면한 문제들보다 수백만 년 전 홍적세Pleistocene Age에 맹수들에 대처하는 방식에 더 적합하게 프로그램되어 있기 때문이라고 밝혔다. 금융위기는 정말 즉각적인 변화였다.

캐나다 캘거리대학의 인사조직 교수인 피어스 스틸Piers Steel은 인간들의 미루는 습성에 대해 통찰을 제공한다. 미루는 습성은 완벽주의라기보다는 자신감과 관련된 것으로 보인다. 그는 대학신문에서 이렇게 말했다. "본질적으로, 일을 미루는 사람들은 자신감이 낮고, 자신이 과업을 수행해낼 수 있으리라는 기대도 낮다. 완벽주의가 그 이유는 아니다. 사실, 완벽주의자들은 일을 덜 미루고 걱정을 더 많이 한다."

스틸은 다양한 자료를 바탕으로 미루는 것에 대한 연구들을 검토했다. 그가 2007년 1월, 미국 심리학회의 「*Psychological Bulletin*」에 게재한 연구에 따르면, 인간의 미루는 습성은 문명이 시작할 때부터 있어 왔고, 앞으로도 그 습성은 사라지지 않을 것이라고 한다.

현실을 직시하다

위기를 해결하려면 제3자의 입장에서 현실을 정확히 파악하고 오픈 마인드를 가져야 한다. 가장 큰 문제는 이미 상당한 투자가 이루어진 문제에 대해 의사결정을 내려야 할 때 벌어진다. 신제품을 출시하려던 대기업의 일화를 보자. 그들은 수백만 달러를 투자하여 잘못 구상된 신제품을 만들었고, 곧 출시할 예정이었다. 필자가 이 제품라인이 왜 실패 확률이 높은지에 대해 발표하자, 그 기업의 부사장은 필자의 의견에 동의하는 것 같았다. 그는 필자에게 "우리가 작년에 이 기획안을 이사회에 보고할 때 당신이 있어야 했습니다!"라고 말했다.

이처럼 문제가 명확했지만 신제품 출시는 결국 이루어졌다. 너무나 많은 자존심이 결부되어 있었기 때문이다. 물론 예상대로 제품은 실패를 거두었다. 기업에게는 막대한 손실을 입혔지만 적어도 필자에게는 좋은 이야기거리가 된 셈이다. 클라이언트에게 어필하기 힘든 '명쾌한' 해결책들을 보자.

명쾌한 아이디어나 해결책은 너무 간단하다는 이유로 외면받는다. 사람들은 "그건 이미 알고 있습니다."라고 말하면서 해결책은 좀 더 복잡하고 정교해야 한다고 생각한다. 그리고 경영 컨설턴트들은 이러한 생각을 강화시킨다.

피터 드러커는 기업가들에게 경영에 관한 통찰력 있는 충고를 했다. 인텔의 전CEO 앤디 그로브Andy Grove는 "드러커는 제 영웅입니다. 그는 아주 간결하게 생각하고 글을 씁니다. 갈피를 못 잡는 어중이 떠중이들 사이에서 단연 돋보이죠."라고 했다.

1980년대 톰 피터스Tom Peters는 탁월성excellence에 관한 책으로 큰 호응을 얻었다. 이 책은 소위 현대판 로빈 후드라고 일컬어도 좋을 톰 피터스의 추종자들을 낳았다. 그들은 부자들에게 돈을 강탈했다. 단, 활과 화살이 아니라 복잡한 유행어와 아이디어로 무장하고서. '잘 속아 넘어가는 사람들을 찾아서In search of suckers'(역자주 : 톰 피터스의 「초우량 기업의 조건In search of excellence」을 비꼬는 제목)라는 제목의 「포천」 지의 한 기사는 이렇게 지적했다. "조용히, 소란 없이 컨설팅분야가 장악되었다. 펜과 지휘대와 몰염치로 무장한 새로운 구루guru들이 기업가들에게 자문을 하고 있다."

루퍼트 머독Rupert Murdoch은 존경하고 따르는 경영분야 구루가 있는지 질문받았을 때, 다음과 같이 직설적으로 대답했다. "구루? 괜찮은 사람들이 있긴 하죠. 하지만 대부분의 경우는 너무 뻔한 내용입니다. 서점 경영 섹션에 있는 엄청나게 많은 책 중에 훌륭한 제목을 보고 300달러치를 샀다가 전부 그냥 버리게 되지요."

심지어 톰 피터스조차 "기업 세계는 상황이 계속해서 개선될 수 있다고 믿는 유일한 사회입니다. 그래서 사람들은 나 같은 사람들에게 속기 쉽습니다."라고 했을 정도이다.

비싸기만 한 복잡한 전략

많은 책들이 컨설팅업계의 좋은 점, 나쁜 점, 추한 점에 대해서 논하고 있다. 대다수 컨설턴트가 기업들이 단순한 전략에 대해서는 높은 비용을 지불하지 않으려 한다고 믿는다. 사실 기업은 프로세스가 이해하기 어려울수록 더 높은 비용을 지불하려 하는 경향이 있다.

만약 해결책이 단순하다면, 기업은 스스로 해결책을 찾으려 할 것이다. 그래서 컨설턴트들은 끊임없이 복잡한 새 개념을 만들어낸다. 예를 들어, 대부분의 기업들이 마켓플레이스Marketplace에서 경쟁하는 법에 익숙해지자 이제 컨설턴트들은 새로운 개념을 등장시키게 된다. 「맥킨지 보고서*McKinsey Quarterly*」에 따르면 기업은 마켓플레이스뿐만 아니라 새로운 개념인 '마켓스페이스Marketspace'에서도 경쟁을 해야 한다고 한다. 마켓스페이스에서는 디지털 자산을 만들어내야 한다고 주장하는데, 이는 환갑의 CEO가 듣기에는 매우 흥미

없는 개념이다.

그리고 독자들에게 약간의 충격을 주기 위해 "구 비즈니스에서 통용되던 논리들은 이제 더 이상 어필하지 않는다. 기업들은 물리적 가치사슬을 관리할 뿐 아니라 가상적 가치사슬을 만들고 그것으로부터 이윤을 창출해야 한다."고 강조하고 있다. 맥킨지가 독자들로부터 얻고 싶은 반응은 다음과 같을 것이다.

"내가 이해할 수 없는 기사를 쓴 저 똑똑한 하버드 출신 두 양반의 전화번호를 가져와. 안 그러면 우린 위험에 빠질 거야."

그들의 주장이 모두 틀렸다는 것은 아니다. 하지만 CEO 입장에서는 마켓스페이스는 제쳐두고라도 마켓플레이스에서 살아남기도 매우 힘든 것이 현실이다.

명쾌함으로 승부하라

포지셔닝이나 리포지셔닝이 성공하려면 그 아이디어가 명쾌해야 한다. 아이디어가 당신에게 명쾌하게 들린다면, 고객들에게도 명쾌하게 들릴 것이고, 작업은 성공할 것이다. 1916년 로버트 R. 업디그래프Robert R. Updegraff는 「평범한 아담스*Obvious Adams: The Story of a Successful Business*」라는 책을 저술했는데, 필자가 보기에는 마케팅 분야에서 가장 훌륭한 책들 중 하나이다. 사실 필자의 최근 저서인

「마케팅, 명쾌함으로 승부하라*In Search of the Obvious*」도 비슷한 주제를 다루고 있다.

업디그래프는 명쾌한 아이디어를 클라이언트에게 판매하기가 얼마나 어려운지 말하고 있다. "문제는 명쾌함이라는 게 결국 너무 단순하고 평범해서 상상력을 자극하지 않는 데 있습니다. 사람들은 식사 자리에서 대화거리가 될만한 명석한 아이디어와 기발한 계획을 선호합니다. 하지만 명쾌함은 너무 '명쾌한' 거죠."

업디그래프는 명쾌함을 시험할 다섯 가지 기준을 제시한다.

1. 해결하고 보면 문제는 단순하다　　명쾌한 해결책은 거의 대부분 단순하다. 너무나 단순해서 남녀노소 불문하고 보지 않아도 이해가 될 정도다. 반대로 어떤 아이디어들은 겉만 너무 번지르르하며 세밀하고 복잡한데, 이런 경우 오히려 의심해 봐야 한다. 그런 아이디어들은 분명 명쾌하지 않을 테니 말이다.

2. 보편의 사고방식에 부합되는가?　　명쾌함은 기존 인식을 거스르지 않는다. 일반 소비자는 전문적이지 않고 기술적 지식도 없기 때문에, 이전 경험에 따른 선입견 없이 아주 단순한 시선으로 아이디어를 평가할 것이다.

3. 종이에 적어 보라　　당신의 아이디어나 계획 또는 프로젝트를 마치 어린 아이에게 설명하듯 쉬운 단어들로 적어 보라. 누구나 이해할 수 있도록 두세 단락으로 짧게 정리할 수 있겠는가? 그렇게 하지 못한다면 설명은 길고 복잡하고 장황해질 것이다. 그렇게 되면 십중팔구 명쾌하지 않은 것이다. 다시 말하지만 "알

고 보면 해결책은 단순하고 명쾌하다."

4. 전폭적인 공감을 이끌어낼 수 있는가?　　당신의 아이디어를 이야기하거나 문제에 대한 해결책을 제시했을 때, 또는 계획이나 프로젝트, 프로그램 등을 설명했을 때, 상대방이 "왜 우리는 전에 그런 생각을 하지 못했을까요?"라고 말한다면 이는 아마 당신에게 꽤나 큰 격려가 될 것이다. 명쾌한 아이디어는 바로 이와 같은 전폭적인 공감을 불러일으킨다.

5. 시기가 적절한가?　　세상에는 사실 명쾌한 아이디어와 계획들이 많다. 하지만 이것들이 시기에 맞지 않는 경우가 있다. 시기가 적절한가를 확인하는 일이 때로는 아이디어나 계획 그 자체를 확인하는 일만큼 중요하다. 시기가 이르거나 늦어버린 리포지셔닝은 큰 문제가 된다.

명쾌한 병원 리포지셔닝

몇 해 전 뉴욕주의 오렌지 지역 의료원Orange Regional Medical Center을 리포지셔닝하는 아이디어는 꽤나 단순하고 명쾌했다. 오렌지 지역 의료원은 이제 톰슨 로이터Thomson Reuters 선정 100대 병원에 꼽히곤 한다. 그러나 리포지셔닝 이전에는 의료진의 기량과 기술은 저평가되고 있었다. 의료원은 지역 내의 수많은 병원들과 경쟁하기 위해 '친절하고 작은 지역 병원'이라는 인식을 떨쳐내야만 했다. 명쾌한 리포지셔닝은 다음과 같은 그들의 비전 성명서로부터 출발했다. '진정한 지역 의료서비스 기업으로서 우리는 가장 다양한 서비스를

가장 높은 수준으로 우리 지역에 지속적으로 제공할 것이다.'

그들이 정말 가장 다양한 서비스를 제공했는지 의문을 가질 수 있다. 그러나 그들의 약속은 사실이었다. 경쟁 병원들의 서비스와 비교한 기록에 의하면 오렌지 지역 의료원이 가장 많은 서비스를 제공함을 알 수 있다.

'당신의 건강을 위해서 우리보다 더 많은 서비스를 제공할 수 있는 곳은 없습니다.'가 성명서에 담긴 내용을 구현시킨 리포지셔닝의 기조였다. 이로써 다른 병원들과 차별화시킬 수 있었다. 소비자에게 자신들을 선택해야 할 단순하면서도 강력한 이유를 제시했다. 또한 병원이 어떻게 계속하여 성과를 내야 할지에 대한 기준을 세울 수 있었다.

오렌지 지역 의료원의 리포지셔닝은 의료진, 이사진, 종업원뿐 아니라 지역 주민들의 공감을 불러일으켰다. 5년이 지난 후에도 이 리포지셔닝 아이디어는 계속 공감을 얻고 있다. 아마 업디그래프도 환영했을 것이다. 성공적인 리포지셔닝 전략이 되기 위해 얼마나 명쾌해야 하는지 감각을 키우기 위해 다른 사례들을 좀 더 살펴보자.

뉴질랜드 관광

리포지셔닝 전략에서는 의미 없는 슬로건을 조심해야 한다. 뉴질랜드의 최근 슬로건은 '지구상에서 가장 젊은 나라'였다. 그러나 사람들이 보고 싶어 하는 것은 '새로운 것'이 아니라 '오래된 유서 깊은 것'임을 고려하면 그것이 얼마나 우스운 아이디어인지 알 수 있을 것이다. 한 가지 명백한 사실은 뉴질랜드의 경치가 몹시 아름답다는 것이다.

뉴질랜드는 두 섬으로 이루어져 있는데, 그 사실을 극적으로 표현하기 위해서는 어느 섬이 더 아름다울지 궁금증을 불러일으켜야 한다. 따라서 리포지셔닝 해답은 바로 '뉴질랜드, 세상에서 가장 아름다운 두 섬'이다. 주위에 뉴질랜드를 방문한 사람이 있다면 어땠는지 물어보라. 아마도 대답은 '아름답다'라는 것이다. 이보다 명쾌한 것이 있겠는가?

스리랑카 관광

부정적인 평판을 가진 국가를 접할 때 어떤 생각이 드는가? 내전으로 악명 높은 스리랑카는 마치 상당히 훼손된 브랜드를 연상시킨다. 이 사실은 그들이 발전해 나가는 데 큰 걸림돌이 될 수 있다. 리포지셔닝이 요구되는 것이다. 스리랑카는 예전 이름인 '실론'을 되찾아야 한다. '실론'은 로맨틱한 과거의 향수를 불러일으킨다.

그리고 실론이라고 하면 사람들은 세계적인 차 재배지를 떠올릴 것이다. '레닌그라드'가 '상트 페테스부르크'로 돌아간 것과 비슷한 원리다. 국가의 자부심이 걸려있는 문제기 때문에, 이 명쾌한 아이디어가 쉽게 받아들여지지 않을지 모른다. 그럼에도 불구하고 스리랑카는 그처럼 리포지셔닝해야 한다는 것이 필자의 견해다.

맥도날드 사례

'난 맥도날드를 사랑해I'm lovin'it'라는 슬로건을 본 적이 있을 것이다. 하지만 필자에게 그 슬로건은 그다지 차별화된 아이디어처럼 보이지 않는다. 수십억 개의 햄버거가 판매되고 있다는 맥도날드의 전광판을 보거나, 인도처럼 햄버거를 판매하지 않는 지역까지도 맥도날드가 침투하고 있는 상황임을 생각할 때, '맥도날드, 세계에서 가장 사랑받는 식사 장소'라는 명쾌한 리포지셔닝 아이디어가 떠오른다.

선두주자라는 아이디어야말로 브랜드를 차별화시키는 가장 강력한 방법이다. 선두주자라는 사실은 소비자들로 하여금 다른 소비자들도 사용하는 제품이기 때문에 안심하고 구매해도 된다는 인식을 심어주기 때문이다. 심리학자들이 제시한 바와 같이 소비자는 많은 사람이 사는 것을 구매하는 경향이 있다.

시어스 사례

한때 시어스는 카탈로그를 통한 판매와 소매업 분야의 제왕이었다. 오늘날 카탈로그 판매는 사라졌고, 대형 유통업체들이 시어스의 소매업에 위협을 가하고 있다. 리포지셔닝해야 하는 것이다. 시어스는 여전히 크래프트Crafts 공구나 켄모어Kenmore 가전용품, 다이하드DieHard 배터리, 랜즈 엔드Land's End 의류 등의 강력한 브랜드를 가지고 있다. 이들은 각 제품 카테고리에서 1위를 차지하고 있는 브랜드다.

시어스를 위한 가장 명쾌한 리포지셔닝 전략은 '미국인들이 좋아하는 브랜드의 본거지'가 될 것이다. 즉, 점포보다는 브랜드에 초점을 맞춰 오직 시어스에서만 이들 브랜드를 찾을 수 있다는 점을 알려야 할 것이다. 아쉽게도 현재 이들 브랜드를 다른 소매점에 입점시키는 방안을 검토 중이라고 한다. 만약 이들 브랜드를 다른 곳에서도 쉽게 만나볼 수 있다면, 소매업자로서 시어스는 끝이라고 해도 과언이 아니다.

뉴스위크 사례

이제 「뉴스위크Newsweek」지와 경쟁자 「타임Time」지의 판매부수는 곤두박질쳤고, 많은 광고주들이 떠나갔다. 그들은 「유에스뉴스앤월드리포트US News & World Report」같은 처지에 빠지지 않으려고 노력 중이다. 한때 매주 발간하던 그 잡지는 이제 월간으로 간신히 명목만을 유지하고 있다. 리포지셔닝이 필요한 것이다.

먼저 뉴스위크는 자신이 전세계적인 독자를 보유하고 있는 「이코노미스트Economist」지가 아니라는 점을 인식해야 한다. 또한 대중적 관심사의 시대는 갔고, 니치 분야 잡지의 시대가 도래한 점도 고려해야 한다. 문제는 '어떤 니치 분야에 뛰어들 것인가'이다. 뉴스위크 운영진은 단순히 잡지 외관을 새로 디자인하는 정도로는 아무것도 변화시킬 수 없다는 것을 깨달아야 한다. 이것은 가라앉는 타이타닉호의 갑판 의자를 재배열하는 것과 다를 바 없다. 새로운 아이디어가 필요한 것이지, 새로운 디자인이 필요한 것은 아니다.

명쾌한 리포지셔닝 아이디어는 뉴스가 아니라 명망 있는 전속 칼럼니스트에 초점을 두는 것이다. 조지 월Geroge Will, 페리드 자카리아Fareed Zakaria, 로버트 사뮤엘슨Robert Samuelson, 조나단 알터Jonathan Alter 정도라면 충분히 뉴스위크를 구독할 이유가 된다. 유명한 전속 칼럼니스트들은 차별화 포인트를 만들어낸다. 그들은 독자들에게 뉴스에 대한 가치 있는 관점을 제시하고 그것이 어떤 의미를 지니는지 설명해준다.

필자라면 '블로그 세상The Blogsphere' 란도 추가해 독자들에게 온라인에서 일어나고 있는 다양한 이슈를 전할 것이다. 또 다른 칼럼 아이디어는 '데일리 쇼'를 유명하게 한 존 스튜어트Jon Stewart로부터 얻을 수 있다. 존은 무수한 사례를 담은 우스꽝스러운 일화를 다루어, 젊은 독자들에게 큰 인기를 얻을 수 있었다.

그런데 이 리포지셔닝 아이디어가 직면한 한 가지 문제점은 바로 '뉴스위크'라는 잡지명이다. 사실 이 잡지는 뉴스를 제공하는 것이 아니다. 이들은 뉴스보다는 전문가들의 견해opinion를 제공하는 데 초점을 맞춘다. 따라서 「오피니언 위크Opinion Week」로 불려야 마땅

하다. 그리고 '뉴스에 대한 통찰력'을 제공하는 잡지로 리포지셔닝해
야 할 것이다.

이처럼 과감하게 기존과 완전히 다른 방향성을 제시한 이유는, 예
전에 비해 오늘날의 브랜드 리포지셔닝이 훨씬 까다로운 작업이기 때
문이다. 특히 선두 제품을 모방한 '미투Me too 제품' 정도로 소비자들
에게 인식되어 있을 때는 더더욱 그러하다.

이 사례는 분명하게 리포지셔닝의 모든 것을 말해주고 있다. 리포
지셔닝 작업은 소비자의 인식을 뉴스위크의 본질에 가깝도록 재조
정한다. 리포지셔닝은 위기상황에서 강력하고 경쟁력 있는 움직임이
다. 변화하기 위해서라면 어느 정도 용기가 필요하다. 리포지셔닝은
명쾌한 작업이며, 비용과 시간이 요구되는 과정이다.

이 책을 통해 필자는 다수의 명쾌한 리포지셔닝 전략을 다루었
다. 시보레의 경우 '미국인들이 가장 사랑하는 미국 자동차', 콘티넨
탈 항공은 '가격 대비 많은 항공편을 가진 항공사'가 리포지셔닝 전
략으로 제시되었다. 그 어떤 것도 매우 명석해 보이지는 않는다. 단
지 이들은 '경쟁과 변화, 위기의 시대'에 사용할 수 있는 명쾌한 리포
지셔닝 아이디어일 뿐이다.

수십 년 동안 필자는 이 주제에 대해 저술하고 강연해왔으며 사
람들에게 어떻게 마케팅을 해야 할지 보여주기 위해, 필자의 작업을
최대한 단순화, 명료화하고자 노력했다. 그러는 동안 소위 전문가라

고 불리는 사람들은 일을 복잡하고 혼란스럽게 만들기 위해 노력해
온 것 같다.

마지막 충고는 포지셔닝 또는 리포지셔닝 전략을 위해 과도하게
연구하거나 생각하지는 말라는 것이다. 단순함과 명쾌함이 정답일
테니까.

어떤 의미에서 이 책은 필자가 1969년 처음 「포지셔닝」을 쓰기 시작해 달려온 긴 여정의 마지막이라고도 할 수 있겠다. 그 때 이후 전 세계적으로 '포지셔닝', '리포지셔닝'이라는 말은 무수히 많이 사용되어 왔다. 의심스럽다면 인터넷 검색을 해볼 것을 권한다. 이 두 단어가 수백만 번 등장한다는 사실을 발견하게 될 것이다. 2008년 출간된 경영서적에서 이 두 단어가 무려 3만 7천여 회 등장했다고 한다.

오늘날까지 수많은 사람들이 포지셔닝이라는 용어를 사용해 왔지만, 모든 사람이 포지셔닝을 정말 제대로 이해하고 있지는 않은 것 같다. 경영 컨설팅업계 종사자처럼 영향력 있는 집단들조차 '고객의 인식'이라든지, '마인드에서 우위, 열위를 점한다'든지 하는 개념을 정확히 알고 있지 못한 것이 현실이다.

이제 포지셔닝과 리포지셔닝이라는 개념을 모두 상세히 소개한 셈이 되었다. 그 사이에 필자는 이 주제에 관해 모두 14권의 저서를 집필했다. 이는 독자들이 그 두 가지 개념을 이해하기에 충분한 노력이었다고 생각된다.

그럼에도 불구하고 아직도 포지셔닝과 리포지셔닝의 의미를 이해하거나 실천하는 일에 실패한 기업이 있다면, 유감스럽게도 그들은 앞으로도 성공할 가능성이 없어 보인다. 그리고 아마 오늘날과 같은 고도의 경쟁사회에서 생존하는 데 큰 어려움을 겪을 것이다. 필자가 마지막으로 할 수 있는 말은 이 책을 통해 충분한 경각심을 주었다는 것이다. 건투를 빈다.

잭 트라우트Jack Trout

컨설턴트, 저술가, 강연가, 최첨단 마케팅 전략의 선구자 등 다양한 직함과 호칭을 지닌 잭 트라우트는, '전설적인 마케팅 전략가'로 부르는 게 가장 좋을 듯하다. 그는 마케팅 분야의 수많은 고전들을 집필했고, 그 가운데 다수는 여러 언어로 번역됐다. 특히, 「포지셔닝」은 출간 20주년 기념으로 개정판을 내기도 했다. 그 외에도 그는 「마케팅 불변의 법칙」, 「튀지 말고 차별화하라」, 「빅 브랜드, 성공의 조건」, 「마케팅 요술램프」 등을 저술했다.

전 세계 13개 지사를 둔 국제적인 컨설팅 기업인 트라우트 앤 파트너스의 대표이기도 한 그는 휴렛 팩커드, 사우스웨스트 에어라인, 머크Merck, P&G, 파파존스 피자 등 수많은 기업들과 함께 일해왔다. 미국 국무부와 함께 미국의 국가마케팅 전략수립에도 참여했으며, 2006년 미국 중간선거에서 민주당이 의회를 재탈환하는 데 기여한 바 있다.

그는 마케팅에서 중대한 개념으로 자리잡은 '포지셔닝'의 주창자이기도 하다. 그는 광고와 마케팅 분야에서의 40여 년 경험을 바탕으로 세계 굴지의 기업 경영진들에게 날카로운 조언을 하고 있다. 전

세계의 기업들을 상대로 펼쳐 온 컨설팅을 통해 그는 살아있는 폭넓은 마케팅 지식과 사례들을 제시할 수 있었다.

스티브 리브킨 Steve Rivkin

마케팅 전략과 네이밍 분야의 세계적 권위자로 트라우트 앤 파트너스와는 오랜 동역자 관계에 있다. 그는 잭 트라우트와 함께 마케팅 전략에 관한 3권의 책, 「뉴 포지셔닝」, 「튀지 말고 차별화하라」, 「단순함의 힘」을 저술한 바 있다.

스티브 리브킨은 1989년 컨설팅회사인 리브킨 앤드 어소시에이트 Rivkin & Associates를 설립해, 발전 및 철도 교통 인프라 산업으로 세계적 명성을 얻고 있는 알스톰Alstom, 뱁티스트 헬스케어 시스템Baptist Healthcare System, 아이디어 빌리지Idea Village, 크래프트 푸드Kraft Food, 픽셀옵틱스PixelOptics, 프리미오 푸드Premio Foods, 톰슨 헬스케어Thomson Healthcare 등의 기업과 함께 일했다.

그는 새로운 아이디어를 개발하고 적용하는 법을 소개한 「기획천재의 아이디어 기술」을 공저한 데 이어, 브랜드 네임의 전략적, 크리에이티브적, 언어학적, 법적 측면을 모두 다루어 독보적인 저서가 된 「최고의 브랜드 네임은 어떻게 만들어지는가」를 집필하기도 했다.

• 역자소개 •

이유재 (李侑載)

  서울대 경영학과를 졸업하고 스탠포드대학교에서 한국인 최초로 경영학 박사학위를 취득한 후, 미시간대학교 경영대학에서 교수로 재직하며 정년보장을 받은 바 있다. 주요 저서로는 '서비스마케팅', '고객가치를 경영하라', '소비자행동론' 등이 있으며, 국내외 학술지에 180여 편의 논문을 발표한 바 있다. 한국서비스품질지수(KS-SQI)와 서울서비스지수(SSI)를 개발했으며, 미국마케팅과학회 최우수논문상, 한국마케팅학회 최우수논문상, 갤럽학술논문상, 정진기재단 언론문화상, 한경마케팅대상 등을 수상하였다.

  그는 한국마케팅학회장, 한국소비자학회장, 미국소비자학회 자문위원, 한국서비스대상 심사위원장, 한국소비자원 비상임이사 등을 역임하고, 현재 *Service Industries Journal* 편집위원장으로 활동하고 있다. 지혜로운 아내와 귀여운 자녀들로부터 날마다 새로운 힘을, 총명한 제자들로부터는 늘 학문적 자극을 얻는다는 그의 생각과 글은 홈페이지 '유재닷컴(http://youjae.com)'을 통해 만날 수 있다. 현재 서울대학교 경영대학 교수로 재직 중이다.